W0070384

ANNA ELISABETH
RÖCKER

Die befreiende Kraft
des Verzeihens

ANNA ELISABETH
RÖCKER

Die befreiende Kraft
des Verzeihens

Knaur
MensSana

Herausgegeben von Hans Christian Meiser

Die Folie des Schutzumschlags sowie die Einschweißfolie
sind PE-Folien und biologisch abbaubar.
Dieses Buch wurde auf chlor- und säurefreiem Papier gedruckt.

Besuchen Sie uns im Internet: www.droemer-knaur.de
Alle Titel aus dem Bereich MensSana finden Sie im Internet unter
www.knaur-mens-sana.de

Originalausgabe 2008
Copyright © 2008 Knaur Verlag.
Ein Unternehmen der Droemerschen Verlagsanstalt
Th. Knaur Nachf. GmbH & Co. KG, München.
Alle Rechte vorbehalten. Das Werk darf – auch teilweise – nur mit
Genehmigung des Verlages wiedergegeben werden.
Lektorat: Shirley Michaela Seul
Umschlaggestaltung: ZERO Werbeagentur, München
Umschlagabbildung: FinePic, München
Satz: Pinkuin Satz und Datentechnik, Berlin
Druck und Bindung: GGP Media GmbH, Pößneck
Printed in Germany
ISBN 978-3-426-65604-4

2   4   5   3   1

Inhalt

Einleitung

Verzeihung, würden Sie mich bitte vorlassen, ich habe es nämlich sehr eilig«, höre ich eine Stimme hinter mir und drehe mich um. Eine zierliche alte Dame schaut auf meine vielen Einzelstücke, die ich gerade auf das Transportband legen wollte, um sie durchleuchten zu lassen. Ihr Flug sei bereits aufgerufen und sie habe ja nur eine Handtasche dabei, erklärt sie mir. Während sie davoneilt, denke ich darüber nach, wofür sie um Verzeihung gebeten hat: dafür, dass sie den Platz vor mir in der Schlange einnehmen wollte, oder dafür, dass sie mich vielleicht in meinen Gedanken unterbrochen, mich gestört hat?

Da fällt mir eine viele Jahre zurückliegende Begegnung mit einer Heilerin ein, an die ich lange nicht mehr gedacht habe, und so verwandelt sich die Unterbrechung oder Störung in eine Bereicherung. Die Heilerin hatte mir als Hausaufgabe eine Übung aufgetragen, die ich anfangs etwas befremdlich fand. Jeden Abend sollte ich während der Meditation überlegen, wen ich heute um Verzeihung bitten möchte. Dazu sollte ich in meiner Vorstellung den ganzen Tag, vom Abend bis zum Morgen, durchgehen und für jeden negativen Gedanken und jedes falsche Handeln um Verzeihung bitten. Ich erinnere mich, dass ich dabei regelmäßig einschlief oder mit den Gedanken irgendwohin abwanderte.

Inzwischen, nach fast 25 Jahren Praxistätigkeit als Heilpraktikerin und Musiktherapeutin, ist mir klar, warum eine solche Übung wichtig ist. Fast täglich werde ich mit Themen konfrontiert, die mit Verzeihung zu tun haben: Manche Menschen verzeihen ihrem Partner nicht, dass er sie verlassen hat, andere verzeihen ihren Eltern nie, viele Menschen verzeihen auch sich selbst vieles nicht, dass sie vielleicht irgendwann einmal in ihrem Leben zu wenig Mut aufbrachten, eine bestimmte Veränderung durchzuführen oder einen bestimmten beruflichen Weg einzuschlagen, wieder andere verzeihen sich nicht, es bis zu einer schweren Krankheit haben kommen lassen, ohne ihr Leben rechtzeitig zu ändern, andere ärgern sich Tag für Tag, weil sie ihre Nachbarn nicht »loslassen« und ihnen nicht verzeihen können, wenn sie sich anders verhalten als gewünscht, und wieder andere Menschen können dem Schicksal nicht verzeihen, von dem sie sich betrogen fühlen.

Als ich mir die Übung, die mir die Heilerin seinerzeit auftrug, nun nach vielen Jahren wieder ins Bewusstsein rief und sie auch durchführte, stellte ich fest, dass ich nicht nur besser schlief, sondern durch die abendliche Rückschau viele Einsichten über mein Handeln gewann. Ob die Verzeihung gewährt wird, weiß ich natürlich nicht. Ich kann nur erkennen, wo sie notwendig ist und wo ich vielleicht jemanden um Verzeihung bitten sollte.

Verzeihung, das wird mir auch täglich durch die Arbeit in meiner Praxis und bei meinen Seminaren bewusst, ist nicht »billig« zu haben. Oft müssen wir dabei über den eigenen Schatten springen, alte Vorurteile überwinden, Stolz ablegen und Demut üben. Verzeihung hat mit Wertschätzung und Achtung für sich und andere zu tun – und dies muss manchmal schwer erarbeitet werden.

Aufgrund meiner Erfahrungen bin ich davon überzeugt, dass das Thema Verzeihung nicht nur für unser persönliches Leben sehr wichtig ist, sondern zusätzlich für die menschliche Gemeinschaft, die auch darauf basiert, dass wir fähig sind, einander zu verzeihen.

Verzeihen kann nicht nur schmerzen, Verzeihen kann

auch unendlich befreien und beglücken. Und es ist eine Voraussetzung, sich authentisch dem eigenen Leben zu widmen, denn wenn uns Schuldgefühle belasten, sind wir nicht wirklich frei, wir selbst zu sein. Häufig ist uns gar nicht bewusst, warum wir so wenig Lebensfreude empfinden und uns zum Beispiel gesundheitlich eingeschränkt fühlen, ohne einen bestimmten Grund dafür zu kennen und zu sehen, dass dahinter unverziehener Ärger und Groll stecken.

Dieses Buch widmet sich der Wichtigkeit und dem Gelingen des Verzeihens, ohne Widerstände und Probleme auszuklammern, die ausführlich dargestellt werden. Ich selbst arbeite in meiner Praxis häufig mit einer besonderen Form der Musiktherapie, mit der es gelingt, verdrängte Gefühle und Konflikte, aber auch ungelebtes Potenzial zum Klingen zu bringen. Auch Visualisierungsübungen sind beim Thema Verzeihen sehr hilfreich. Beide Wege stelle ich im Verlauf des Buches kurz vor.

»Das kann ich mir nie verzeihen« oder »Das kann ich ihm/ ihr nie verzeihen« sind Sätze, die oft aus dem tiefsten Innersten kommen und immer mit einer leidvollen Geschichte verbunden sind. Wenn wir die alten Verletzungen und den alten Groll aus dem Unbewussten heben, können wir entscheiden, unsere Verhaftung an diese belastenden Gefühle und Gedanken aufzugeben, zum Beispiel indem wir uns selbst und anderen verzeihen und von anderen Verzeihung erfahren. Alle Religionen der Welt lehren die Verzeihung als Weg zum eigenen Seelenfrieden und zur inneren Freiheit.
Wie diese nicht immer leichte Aufgabe gelingen kann und welche Voraussetzungen dafür notwendig sind, werde ich in diesem Buch nicht nur beschreiben, sondern ich werde

Ihnen auch die entsprechenden praxiserprobten Übungen und Rituale an die Hand geben.

In meinem Seminar »Verzeihen befreit« höre ich immer wieder von Teilnehmern und Teilnehmerinnen, dass ihnen vorher nicht bewusst war, wie sehr das eine oder andere Ereignis sie immer noch belastet habe und wie befreit sie sich jetzt – nach dem Seminar – fühlten. Einen solchen Gewinn wünsche ich mir auch für die Leserinnen und Leser dieses Buches.

Warum Menschen Verzeihung brauchen

Doch ohne den Mut,
die Hand in der Hand zu halten,
ohne den Mut,
ganz hier zu sein,
werden wir täglich
ärmer.

Hilde Domin

Schlägt man das Wort »Verzeihung« im Herkunfts-wörterbuch nach, so findet man Begriffe wie »nicht beanspruchen, verzichten, aufgeben, verlassen, vergeben, nicht mehr zeihen, das heißt nicht mehr bezichtigen«. In der Regel wird dieses Wort, das aus dem Mittelhochdeut-schen des 15. Jahrhunderts kommt, gleichbedeutend ver-wendet mit »Vergebung«. Nicht mehr bezichtigen, nicht mehr beanspruchen und den Vorwurf loslassen bedeutet nach dieser Definition keinesfalls, die Tat gutzuheißen. Weil viele das Verzeihen für gleichbedeutend mit Verges-sen oder Akzeptieren einer Schuld sehen, wird es oft von vornherein abgelehnt. Vergessen ist nicht automatisch mit Verzeihen verbunden, schon allein deshalb, weil der Mensch nie etwas wirklich vergisst, sondern weil die Er-eignisse auf eine tiefere Ebene des Bewusstseins absinken und manchmal nicht mehr auftauchen, was wir als Ver-gessen bezeichnen.

Wir können demnach verzeihen, ohne eine Tat gutzuhei-ßen und ohne wirklich zu vergessen. Allerdings gehört zum echten Verzeihen, dass wir dem anderen die Situation nicht immer wieder vorhalten, sondern sie aus unserem Bewusstsein »entlassen«.

»Nicht beanspruchen, verzichten, aufgeben und nicht mehr bezichtigen«, was heißt das wirklich? Auf die Fra-ge, was wir aufgeben oder wessen wir den anderen nicht mehr bezichtigen sollten, gibt es viele Antworten. Es kann bedeuten, dass wir den Anspruch auf Rache und Vergeltung aufgeben. Oder den Anspruch, dass der andere Reue zeigen muss, wenn wir ihm vergeben sollen. Es kann auch bedeuten, dass wir die Vorstellung aufgeben, im Recht zu sein, oder dass wir den anderen nicht mehr bezichtigen, dass er uns gekränkt und beleidigt, uns etwas weggenommen oder einfach unsere Bedürfnisse nicht erfüllt hat. Haben wir – wie es heute so oft in esoterischen Kreisen gesagt wird – sowieso selbst Schuld, dass uns dies oder jenes passiert ist? Geraten damit nicht alle Vorstellungen von Opfer- und Täterschaft, Gerechtigkeit und Ordnung aus dem Gleichgewicht? Bedeutet Verzeihen, dass jemand uns das Liebste nehmen, uns bestehlen und verletzen, Kinder quälen und jemanden ermorden darf und wir – vielleicht noch ohne Wiedergutmachung zu fordern – dem anderen einfach verzeihen sollen?

Wie können wir in diesem Zusammenhang die letzten Worte Jesu am Kreuz einordnen, wenn er seinen Vater im Himmel darum bittet, seinen Peinigern zu vergeben. Etwas, was übrigens immer wieder auch von KZ-Häftlingen im Angesicht des Todes berichtet wird, dass sie verziehen haben. Haben sie aus tiefem Mitgefühl und echter Liebe gehandelt? Oder haben sie erkannt, dass wir alle miteinander unlösbar verbunden sind und dass das Einandervergeben uns menschlicher und größer macht und zu echtem innerem und äußerem Frieden führt? Offensichtlich haben sich diese Menschen frei und selbstverantwortlich für ihr Leben gefühlt. Ihre letzten Worte waren nicht Anklagen gegen die Täter, womit sie automatisch zu Opfern geworden wären, sondern Zeugnisse menschlicher Freiheit und Größe.

Doch das Verzeihen bedarf keiner großen Einschnitte in ein Leben, es gibt im Alltag eines jeden Menschen genug Situationen, in denen Verzeihen geübt werden kann, das kleine und auch das große.

Es gibt Kränkungen und Verletzungen, die wir uns selbst oder anderen verzeihen sollten, wenn wir verhindern möchten, dass negative Gedanken und Gefühle in unserem Unbewussten »hausen« und dort das Klima vergiften. Meist haben die Kränkungen und Enttäuschungen damit zu tun, dass unsere Grundbedürfnisse nicht erfüllt wurden und werden, wie zum Beispiel:

- geliebt werden
- akzeptiert werden
- Verständnis erfahren
- bewundert werden
- bestätigt werden
- respektiert und wertgeschätzt werden
- Anerkennung spüren
- sich sicher fühlen
- Vertrauen erfahren

Menschen reagieren unterschiedlich auf Verletzung und Zurückweisung: mit Rückzug oder Wutausbrüchen, mit innerem Groll oder offenem Widerstand. Wie Eltern oder frühe Bezugspersonen mit diesen Bedürfnissen umgehen, prägt weitgehend unser späteres Verhalten. Besteht Mangel an dem, was wir so dringend brauchen, suchen wir den Ausgleich im Laufe des Lebens häufig immer mehr im Außen. Vielleicht werden wir gute Schülerinnen, erfolgreiche Sportler, engagierte Ehrenamtliche, modebewusste Frauen etc. Vielleicht finden wir gute Freunde, liebevolle Partner oder nette Kolleginnen, die uns das geben, wovon unser Glück abzuhängen scheint. Meistens tun wir sehr viel dafür, dass diese Grundbedürfnisse befriedigt werden.

Und trotzdem werden wir immer wieder enttäuscht. Dann »bezichtigen« wir andere, dass sie uns um etwas Wesentliches betrogen hätten. Unter Umständen tragen wir so ein Leben lang unseren Eltern nach, was sie uns in unserer Erinnerung nicht gegeben haben. »Meine Eltern haben mich nicht geliebt, mich nicht unterstützt, nicht bestätigt.« – »Meine Kinder sind nicht wertschätzend, dankbar, liebevoll.« So könnte man die Liste der Klagen fortführen. Wir können unseren Eltern ein Leben lang vorwerfen, dass sie uns Wesentliches vorenthalten haben, oder uns entscheiden, unseren Eltern zu verzeihen. Dem Wortbegriff nach bedeutet das, die Enttäuschung loszulassen, den anderen nicht mehr zu bezichtigen und den Anspruch aufzugeben, dass andere Menschen – und seien es unsere Eltern – für unser Glück verantwortlich sind. In der Regel übertragen wir das, was wir von unseren Eltern erwartet hätten, auch auf andere Menschen.

Vielleicht möchten Sie sich an dieser Stelle auf ein kleines Experiment einlassen und sich vorstellen, Sie seien mit jemandem verabredet, den Sie kürzlich kennengelernt haben. Sie freuen sich auf die Begegnung und sind vielleicht auch ein bisschen aufgeregt. Allein am Tisch in einem Lokal sitzend, warten Sie zehn Minuten, zwanzig Minuten – und allmählich kommt es Ihnen schon so vor, als würden die anderen Gäste und der Ober Sie bedauernd mustern. Nach einer halben Stunde beschließen Sie zu gehen. Der andere hat Sie wohl vergessen. Wie fühlen Sie sich nun? Enttäuscht, gekränkt, verlassen, wütend? Vielleicht fallen Ihnen sogleich viele andere Situationen aus Ihrem Leben ein, in denen Sie sich sitzengelassen, zurückgesetzt, verlassen fühlten? Vielleicht schleicht sich sogar ein Gedanke ein wie: Immer passiert mir das. Oder: Ich bin eben nicht interessant genug, kein Wunder, dass er/sie nicht gekommen ist. Vielleicht denken Sie auch darüber nach, wie Sie es dem anderen heimzahlen können, oder Sie streichen den Menschen einfach von Ihrer inneren Liste. Und dennoch kann es sein, dass Sie tagelang einen inneren Dialog mit dem anderen führen, sich über ihn und sich selbst ärgern.

Weil unsere Bedürfnisse nie alle erfüllt werden und wir im umgekehrten Fall auch die Bedürfnisse der anderen nicht immer erfüllen können, kommt es im Leben immer wieder zu Verletzungen, Konflikten, Streit und Auseinandersetzungen. In einem gewissen Maße ist das auch wichtig, damit wir unseren eigenen Standpunkt erkennen, festigen oder modifizieren. Wenn der andere uns seine Grenze nicht zeigt, selbst wenn sie schmerzhaft für uns ist, werden wir auch unsere eigenen Grenzen nicht erkennen können. Menschliche Gemeinschaft kann sich also nur entwickeln, wenn wir Frustrationen aushalten und Konflikte austragen lernen. Dazu gehört auch die Fähigkeit, konstruktiv zu streiten und sich immer wieder zu verzeihen. Im besten Fall wächst im Laufe unseres Lebens die Bereitschaft, einerseits denen zu vergeben, die Erfüllung versagt haben, als wir es dringend brauchten, und andererseits für die Erfüllung unserer Grundbedürfnisse selbst zu sorgen.
Bezogen auf das vorher beschriebene Beispiel könnte das bedeuten, denjenigen, der uns warten ließ, anzurufen und ihn zu fragen, warum er nicht zur Verabredung gekommen ist. Vielleicht stellt sich heraus, dass der Grund einfach nur eine terminliche Verwechslung ist. Anderenfalls sollte man deutlich mitteilen, dass man dieses Verhalten als wenig wertschätzend und kränkend empfindet. Jedenfalls sollten wir den Mut haben, den Betroffenen zu konfrontieren. Fehlende Informationen führen oft zu falschen Einschätzungen, die uns manchmal unklug reagieren lassen und zu unnötigen Verstimmungen führen.

Jemand hat uns nicht gegrüßt, uns die Vorfahrt genommen, bei einer Freundin über uns gelästert, unsere Post nicht entgegengenommen, uns nicht zum Geburtstag gratuliert, unser Fahrrad an einen anderen Platz gestellt – die Liste könnte unbegrenzt verlängert werden. Jedes Mal reagieren wir auf diese Kleinigkeiten oder Affronts oder Beleidigungen – je nachdem, wie wir zu dem Menschen stehen, der uns dies »angetan« hat, wie wir an diesem Tag gerade gelaunt sind, wie unsere Lebenshaltung allgemein geprägt ist, was sonst noch alles vorgefallen ist. Unsere Reaktion hängt unbedingt von unserer Tagesform ab. Doch genauso wird sie von unserer gesamten Vergangenheit beeinflusst. Es sollte uns stets bewusst sein, dass wir die Wahl haben, ob wir eine Situation schaffen, in der wir Verzeihung erwarten, oder ob wir tolerant über manches hinweggehen können. Woher wissen wir denn, dass die Person, die uns nicht grüßte, uns auch tatsächlich wahrgenommen hat? Vielleicht war sie in Gedanken? Das Gleiche gilt für denjenigen, der uns angeblich die Vorfahrt genommen hat. Und wer ist eigentlich Zeuge dafür, dass die Freundin tatsächlich gelästert hat? Der Postbote hat vielleicht nicht mal versucht, den Brief bei der Nachbarin abzugeben, sondern gleich einen Benachrichtigungsschein in den Briefkasten geworfen usw. usw.

Wir können uns dafür entscheiden, die anderen zu bestrafen, den Kontakt immer kühler werden zu lassen und schließlich abzubrechen. Die andere Möglichkeit ist: Sich einem Konflikt stellen, ihn bearbeiten, andere Menschen mit dem eigenen Ärger zu konfrontieren, herausfinden, was wirklich geschah – und so durch gegenseitiges Verzeihen eine neue Nähe schaffen. Wer im Elternhaus gelernt hat, dass »konstruktives« Streiten dazugehört, tut sich leichter. Auseinandersetzungen gehören zu unserem Leben und gefährden nicht automatisch unsere Beziehungen. Aber wenn wir erlebt haben, dass wir immer dann, wenn wir uns unpassend verhielten, mit Kontaktabbruch bestraft wurden, wird Streit auch im Erwachsenenalter als bedrohlich empfunden. Doch wir können konstruktives Streiten lernen. Jeder kann das! Und manchmal führt ein Streitenlernen zu einem Verzeihenlernen, denn auch das fällt einem nicht in den Schoß. Genauso wie ein Kind lernen muss, beim Spiel zu verlieren, lernt es, anderen – und sich selbst – zu verzeihen. Manche lernen früher und schneller, andere später und langsamer.

Nicht nur uns selbst oder anderen Menschen zu verzeihen fällt uns schwer. Auch mit dem Schicksal hadern wir häufig und tun uns schwer, einzusehen, dass wir bestimmte Lebensumstände nicht ändern können: Die Familie, in die wir geboren wurden, die Schicksalsschläge, die uns getroffen haben, oder einfach nur die Nichterfüllung unserer Träume von einer heilen Familie, von klugen und erfolgreichen Kindern, vom Eigenheim und ansehnlichen Bankguthaben, vom beruflichen Erfolg. Häufig kreiden wir diese Enttäuschungen dem Schicksal oder dem »lieben Gott« an, den wir für eine Art Handelspartner halten, der seine Verträge einzuhalten hat. Dabei vergessen wir, dass niemand uns ein Paradies auf Erden versprochen hat. Und wir vergessen, das Paradies zu sehen, in dem wir leben.

Ein junger Mann, dessen Lebenshoffnungen sich durch eine schwere Krankheit zerstört hatten, sagte mir einmal, dass seine größte Wut und Enttäuschung sich an Gott richte, der ihn so im Stich gelassen habe, obwohl er doch immer an ihn geglaubt habe. Müssen wir also Gott verzeihen, dass unser Leben nicht so geworden ist, wie wir gehofft haben? Oder gibt es letztlich niemanden, den wir »bezichtigen« können, dass er an unserem Unglück schuld ist?

Die kollektive Vergebung unter Völkern und Religionsgemeinschaften ist eine weitere Dimension des Verzeihens. Hätte der Mensch die Fähigkeit des Verzeihens auch auf dieser Ebene nicht entwickelt, wäre die Menschheit wohl längst ausgestorben. Die »süße Rache« hätte sich unendlich fortgesetzt, und es wäre nie ein Neuanfang möglich gewesen. Es gäbe keine Genfer Konventionen, die dafür sorgen, dass auch in den schrecklichsten Kriegszeiten nicht nur die Vergeltung siegt. Welchen Stellenwert das Verzeihen zu allen Zeiten hatte, zeigt sich daran, dass es von jeher zu den Tugenden der Könige und Weisen gehörte, Großmut zu zeigen und sogar denen zu verzeihen, die ihnen nach dem Leben trachteten. An die Stelle der Rache, die den anderen auslöscht, tritt der Versuch, die Hintergründe des Schuldigwerdens zu verstehen und Ideen zur Besserung derer, die schuldig geworden sind, zu entwickeln. Die Todesstrafe als Bestrafung einer Gewalttat ist bei uns nicht mehr erlaubt. Auch Blutrache als Konfliktbewältigung in Familienclans kann sich bei uns kaum jemand vorstellen, während sich noch vor nicht allzu langer Zeit nur wenige über die Rechtmäßigkeit solcher Racheakte Gedanken gemacht haben.

Gründe dafür, dass wir Menschen oft so unglücklich sind und immer wieder den Frieden in uns und mit anderen zerstören, benennen die Religionen und Philosophien der Welt seit Tausenden von Jahren: Egoismus, Gier, Neid, Hass, mangelnde Wertschätzung und unsere vielen Enttäuschungen infolge nicht erfüllter Erwartungen und Sehnsüchte.

Daraus entstehen immer wieder neue Verletzungen, bei denen wir abwechselnd Täter und Opfer sind. Obwohl diese Verletzungen und Kränkungen einen so riesigen Bereich umfassen – vom Angriff auf unser Leben bis zur Kränkung, die wir empfinden, wenn wir uns nicht wertgeschätzt fühlen –, läuft es am Ende immer darauf hinaus, wie wir damit umgehen. Wir können den Groll, die Enttäuschung oder das Leid mit uns herumtragen, es pflegen und uns immer wieder aufs Neue bewusst machen, oder wir können es bearbeiten, annehmen und – wenn möglich – verzeihen. Ob uns das gelingt, liegt zum einen an der Schwere des Verlustes und der Verletzung, zum anderen aber auch daran, ob wir die Notwendigkeit und die Wichtigkeit der Verzeihung erkennen.

Verzeihen befreit und entwickelt die Persönlichkeit

Verzeihen befreit den Menschen von der Bindung an den, der ihn verletzt oder gekränkt oder ihm einen geliebten Menschen genommen hat. Menschen, die zum Beispiel bei einem Attentat so schwer verletzt wurden, dass sie für immer behindert bleiben, oder Eltern, deren Kinder umgebracht oder überfahren wurden, berichten, dass sie monate- und oft jahrelang an nichts anderes als an die Täter denken können. Manchmal sind die Gedanken hasserfüllt, und sie stellen sich vor, was sie dem anderen alles antun würden, wenn sie könnten. Manchmal denken sie mit Trauer und Enttäuschung daran, wozu Menschen fähig sind, manchmal führen sie in ihrer Vorstellung Gespräche mit den Tätern. Immer besteht eine Art Verbindung. Erst wenn sie ihren Frieden mit der Situation geschlossen haben, wenn sie in irgendeiner Weise dem anderen vergeben konnten, löst sich diese Bindung. Viele Aussagen, die ich dazu gehört oder gelesen habe, enden mit dem Satz: »Erst jetzt fühle ich mich frei, wieder mein eigenes Leben zu führen.«

Tatsächlich versetzt uns Verzeihung in die Lage, frei zu entscheiden, wie wir mit einem Menschen oder einer Situation umgehen. Diese Befreiung spüren wir schon, wenn es um kleinere Probleme geht. Sie kennen vielleicht die Situation, dass jemand Sie gekränkt hat und Sie nicht in der Lage sind, den anderen Menschen anzusprechen. Nächtliche Selbstgespräche und die Vorstellung, was man alles sagen könnte, wenn die Situation sich wiederholen sollte, bringen einen in der Regel keinen Schritt weiter. Erst wenn das Belastende ausgesprochen ist und man auch seine eigenen Anteile erkannt und sich selbst verziehen hat, kann man frei entscheiden, ob und auf welche Art und Weise man mit diesem Menschen weiterhin in Kontakt bleiben möchte.

Bert Hellinger geht in seiner Systemischen Familientherapie davon aus, dass aktuelle Probleme oft aufgrund einer alten Verstrickung innerhalb der Familie entstehen. Diese ungelösten Verbindungen sollen durch sogenannte Familienaufstellungen ans Licht gebracht werden. Erst dann können sie gelöst werden, und der Mensch wird frei von der Bürde, die er unbewusst mit sich trägt. Eine solche Belastung kann zum Beispiel durch die Ausgrenzung oder den frühen oder gewaltsamen Tod eines Familienmitglieds verursacht werden oder dadurch, dass eine Schwangerschaft abgebrochen oder ein Kind sehr früh weggegeben wurde. In einer rituellen Handlung werden die ausgegrenzten, verleugneten oder getöteten Menschen, die zum Familiensystem gehören, wieder hereingenommen. Das Unrecht muss beim Namen genannt, noch einmal »erlitten« werden, um die systemische Ordnung wiederherzustellen. Verzeihung spielt dabei eine große Rolle. Auch hier gilt, dass Verzeihung nicht bedeutet, die Tat zu akzeptieren oder gutzuheißen. Verzeihung bedeutet, befreit auf dem eigenen Lebensweg weiterzuschreiten.

Verzeihen macht glücklich

Durch das Verzeihen kommen wir zu einem »Einverstandensein« mit dem, was nicht geglückt ist und trotzdem ins Leben integriert werden möchte. Es befreit uns von der Illusion, dass wir das Gute in der Welt erreichen, wenn wir das Böse im anderen vernichten, denn es bleibt immer noch das Böse in uns selbst. Zu erkennen, dass wir immer wieder der Verzeihung bedürfen und verzeihen müssen, macht uns menschlicher und nimmt uns gleichzeitig den Druck, dass wir oder die anderen perfekt sein müssen. Durch das Verzeihen gibt es immer wieder einen Neuanfang und immer wieder die Freiheit zur Veränderung.

Der französische Meditationslehrer Arnaud Desjardin beschreibt in seinen Lebensschilderungen, wie er seinen Guru um ein Mantra bat, das heißt um einen Satz, der zur Wegweisung für sein künftiges Leben werden könnte. Von den Schülern großer Meister hatte er gelesen und gehört, dass ein solches Mantra großes Gewicht hat. Sein Swami versprach, ihm diese Formel mitzugeben, bevor er den Ashram verlassen würde. Vor seiner Abfahrt kündigte ihm der Meister an: »Jetzt wird Swami dir diese Formel, dieses Mantra, geben.« Dann sagte er lächelnd und feierlich: »Sei einfach glücklich, Arnaud.« Diese Antwort hatte ihn zunächst erschüttert, ohne dass er wusste, warum. In der

Folge brachte es aber vieles in Arnauds Leben in Bewegung. Täglich wurde ihm deutlicher bewusst, wie schwer es ist, »einfach glücklich« zu sein. Lange beschäftigte er sich damit, was denn eigentlich dazu notwendig sei. Als zentralen Punkt erkannte er schließlich das Freisein von Schuldgefühlen und belastenden Gedanken.

Zu dieser Erkenntnis gelangen viele Menschen, die sich mit dem Thema befassen. Häufig wissen wir allerdings gar nicht, dass hinter Symptomen wie mangelnder Lebensfreude, Schlafstörungen oder einer depressiven Verstimmung Schuldgefühle und belastende Gedanken stecken: Morgens zu spät zur Arbeit zu kommen, einen Rückruf nicht getätigt zu haben, abends zu wenig Zeit für die Kinder zu haben, die Partnerin/den Partner nicht mehr so zu lieben, wie man sollte, wieder zu viel Geld ausgegeben zu haben, von jemandem gekränkt oder nicht beachtet worden zu sein und sich deshalb wertlos oder verletzt zu fühlen – all das setzt uns Tag für Tag unter Druck. Je mehr auf uns lastet, desto schwerer fällt uns der Blick auf die Ursachen und die Möglichkeiten, uns davon zu befreien. Nicht immer wird uns bewusst, dass wir verletzt wurden oder andere verletzt haben und dass Verzeihung notwendig ist, und wir kämen nicht einmal im Traum auf die Idee, dass wir unser Glück durch die fehlende Verzeihung lähmen. Oft fühlen wir uns in einer solchen Situation einfach nur unwohl oder nehmen wahr, dass unsere Energie blockiert ist.

In meiner Praxis beschäftige ich mich häufig mit Verzeihung von Schuld: den kleinen »Schulden«, die sich immer mehr summieren, und der großen, schwerwiegenden und tiefgreifenden Schuld. Solange wir leben, werden wir damit konfrontiert, dass wir Fehler machen, die wir uns und anderen verzeihen sollten, damit wir wieder neu anfangen können. In erster Linie geht es um das Erkennen dieser Problematik, dann um das Verwandeln und Integrieren ins eigene Leben, ein Verwandeln, das im besten Fall mit Verzeihung und Versöhnung und damit mit Befreiung endet.

In diesem Sinne ist das Verzeihen eine Tür zum Glücklichsein.

Wenn es nur böse Menschen gäbe, die hinterlistig gemeine Verbrechen begehen, und wenn es einfach nur notwendig wäre, diese vom Rest der Menschheit abzusondern und zu zerstören. Aber die Linie, die Gutes und Böses trennt, geht mitten durch das Herz jedes Menschen – und wer ist schon gewillt, ein Stück des eigenen Herzens zu zerstören?

A. Solschenizyn

Die Entscheidung zur Verzeihung treffen

Der erste wichtige Schritt ist, die Entscheidung zur Verzeihung zu treffen. Sie wird umso leichter fallen, je deutlicher wir erkennen, dass Verzeihung zuallererst uns selbst befreit, unabhängig davon, ob es um Selbstverzeihung geht, ob wir Verzeihung von anderen erbitten oder anderen verzeihen möchten. Möglicherweise liegt die Situation, die Verzeihung erfordert, schon lange zurück. Genau dieser zeitliche Abstand ist manchmal wichtig. Aus der Rückschau können wir manches meist mit deutlich weniger Emotionen klarer erkennen. Vor allem wenn es sich um schwerwiegende Verletzungen oder Schuld handelt, ist das meistens unbedingt notwendig. Verletzungen brauchen manchmal lange, um zu heilen, und manchmal müssen wir innerlich erst stark genug sein, um verzeihen zu können.

Verzeihen beginnt mit einer Veränderung der Einstellung, mit der Bereitschaft, einem anderen Menschen oder sich selbst nichts mehr »nachzutragen«. Dieses Nachtragen, das oft so schwer wiegt, belastet Körper und Seele. Und doch fällt es nicht immer leicht, die Last loszulassen.

Fast täglich erlebe ich in meiner Praxis, wie negative

Denkmuster, alter Groll und Hass das Leben der Menschen begrenzen und ihnen jede Lebensfreude nehmen. Manchmal würde ich mir für verlassene und gekränkte Partner, die sich nicht lösen können von der Vergangenheit, ein Zaubermittel wünschen, das die zerstörerischen und krank machenden Gedanken einfach wegfegt und Platz schafft für neue Perspektiven. Leider übernimmt diese Funktion oft ein körperliches Symptom, das aufs Neue schmerzvoll erlebt wird und einen Menschen festhält in seinen verletzten Gefühlen und negativen Gedanken.

Eine Entscheidung zur Verzeihung zu treffen macht es erforderlich, ehrlich mit uns selbst zu sein und unsere Gefühle zuzulassen – gleichgültig, um welche Gefühle es sich handelt. Häufig sind jene Gefühle, um die es nun geht, jahrelang verdrängt worden.

Während einer Fortbildung, an der ich teilnahm, bat der Seminarleiter die Anwesenden bei einer Stille-Meditation, Situationen auftauchen zu lassen, in denen wir der Verzeihung bedurft hatten. Mehrere von uns erinnerten sich sofort an verschiedene derartige Erlebnisse. Einige Teilnehmer waren allerdings nicht fündig geworden. Sie bekamen zur Aufgabe, am Abend noch einmal über dieses Thema nachzudenken.
Eine Frau protestierte heftig mit dem Einwand, wenn ihr jetzt nichts Entsprechendes einfalle, würde es doch nicht viel Sinn machen, eine solche Situation in der Erinnerung zu konstruieren. Umso erstaunlicher war es, dass sie am anderen Morgen sehr freimütig über ihre nächtliche Erfahrung berichtete. Ganz plötzlich war das Gesicht eines Mannes aufgetaucht. Er war ein Freund ihres Ehemannes, und sie hatte vor vielen Jahren eine kurze Affäre mit ihm gehabt. Nicht die Erinnerung an dieses Verhältnis war es,

was ihr jetzt eine schlaflose Nacht bereitet hatte, sondern die Tatsache, dass dieser Mann ganz und gar kein Freund, sondern ein Rivale ihres Ehemannes war, der es als Triumph gesehen hatte, die Frau des beneideten und fast gehassten »Freundes« für sich zu gewinnen. Sie erinnerte sich, dass sie sich damals ziemlich schlecht gefühlt hatte, aber die Geschichte sehr schnell »vergaß« beziehungsweise in ihrem Unbewussten vergrub.

Als ich diese Frau nach einigen Monaten zufällig wieder traf, hatte sie sich sehr zu ihrem Vorteil verändert. Sie wirkte zugewandter, freier, offener und auch weicher als im Seminar. Sie erzählte mir, dass ihr nach dem Seminar deutlich geworden sei, dass sie sich mit dem Thema Verzeihen auseinandersetzen müsse. Dabei sei sie auf viele ähnliche Situationen gestoßen, und sie habe erkannt, dass sie nie jemanden um Verzeihung gebeten habe, weil ihr weder die eigenen noch die Gefühle des betroffenen Menschen wirklich bewusst gewesen seien. Daraufhin erlebte sie emotionale Wechselbäder: Schuld- und Schamgefühle und die Wut darüber, selbst Opfer gewesen zu sein. Vor allem habe ihr die Enttäuschung über sich selbst zu schaffen gemacht, weil sie das Vertrauen ihres Mannes so missbraucht habe. Ich weiß nicht, ob sie je mit ihm darüber gesprochen hat. Aber wenn der Körper die Wahrheit ausdrückt, ist der Verzeihensprozess gelungen.

Die Neigung, unangenehme Situationen schnell zu verdrängen oder logische Erklärungen für ein Fehlverhalten zu finden, um die unangenehmen Gefühle nicht spüren zu müssen, kennen wir wahrscheinlich alle. Zurück bleibt vielleicht ein unspezifisches Gefühl von Ärger oder Unzufriedenheit, das wir vielleicht sogar zusätzlich auf andere projizieren. In manchen Fällen ist das ein gesunder Schutzmechanismus der Psyche, um ein Weiterleben möglich zu machen. Wenn die Schuldgefühle überhandnehmen, scheint Verdrängung zuweilen die einzige Möglichkeit zu sein, die leider oft der Körper in Form von Krankheitssymptomen »ausbaden« muss. Denn diese ungewollten Gedanken und Gefühle rumoren weiter in der Tiefe der Psyche, blockieren unsere Lebensfreude und verstricken uns oftmals in ähnliche Situationen. Eine weitere Form der Verdrängung ist die Projektion auf andere. Hier warten bestimmte Gefühle nur darauf, dass wir sie aus ihrem unbewussten Gefängnis herausholen. Es ist zwar meist nicht sehr angenehm, die alten Wunden aufzureißen, führt aber letztlich zur Befreiung und zu mehr Toleranz – vielleicht auch zu der Fähigkeit, nicht mehr mit zweierlei Maß zu messen.

Das Bedürfnis nach Verzeihung eingestehen

Wenn wir selbst jemanden verletzt, abgewertet oder gekränkt haben, fordern wir vom anderen, dass er nicht so empfindlich sein oder alles auf die Goldwaage legen soll. So wollen wir uns selbst ent-schulden, wo wir eigentlich jemanden um Ent-schuldigung bitten sollten. Stattdessen nehmen wir eine negative Haltung zu ihm ein oder gehen ihm aus dem Weg.

Ein ähnlicher Prozess findet statt, wenn wir uns nicht wirklich eingestehen, dass ein anderer Mensch uns beleidigt und gekränkt, betrogen oder abgewertet hat. Um des lieben Friedens willen oder aus Angst vor einer echten Konfrontation schlucken wir das Unangenehme hinunter. Doch es ist wichtig, sich diesen Gefühlen in aller Ehrlichkeit zu stellen, auch wenn dadurch unser eigener oder der Glorienschein eines geliebten Menschen etwas schwächer wird. Wirklich menschlich werden wir nur, wenn wir erkennen, dass weder wir noch die anderen Menschen perfekt sein können. Diese Einsicht lässt uns liebevoll mit uns selbst und anderen umgehen, gerade weil wir unsere Begrenztheit erkennen. Das bedeutet, dass wir, solange wir leben, schuldig werden an uns, an anderen oder andere an uns. Die Aufgabe ist es, daran zu arbeiten, dass es immer weniger Situationen gibt, die Verzeihung oder die Bitte um Verzeihung notwendig machen, indem wir sensibler und mitfühlender durch unser Leben gehen und die eigenen Grenzen und die des anderen achten.

Die beste Verbündete auf diesem Weg ist nach meiner Erfahrung die Stille. Ein langer Spaziergang, ein Tag allein in der Natur oder ein selbstgewählter Tag der Stille helfen dabei, eine Konfliktsituation von allen Seiten zu betrachten.

Empfehlenswert ist eine Übung, bei der Sie die eigenen Gefühle authentisch erleben können und die Sie zum Erkennen und Verstehen einer Situation führt. Dabei werden in Form einer inneren Visualisierung alle Beteiligten an einen Tisch versammelt und dürfen zu Wort kommen. Sie selbst sind wie ein Beobachter, der sich und die anderen so genau wie möglich wahrnimmt.

Ein eindrucksvolles Beispiel erlebte ich mit einer Frau, die zu mir kam, weil sie mit ihrer Enttäuschung nicht fertig wurde, dass ihr Bruder sie ihren Schilderungen zufolge um ihr Erbe betrogen hatte. Seit einem Jahr gab es keinen Kontakt zwischen ihnen. Sie hatte inzwischen eine chronische Magenschleimhautentzündung und war von ihrem Hausarzt aufgefordert worden, sich psychotherapeutische Hilfe zu suchen.

Schon in den ersten zehn Minuten überschüttete sie mich förmlich mit ihrem Ärger und ihren frustrierten Gefühlen. Auch in der zweiten Stunde sprach sie nur von »ihm«. »Er hat ..., er wollte ..., er ist ...« Und auch in der dritten Stunde sprach sie nur von des Bruders üblem Vorgehen. Ihr Bruder hatte die Eltern überredet, ein Testament zu seinen Gunsten zu verfassen, genau in einer Zeit, in der sie selbst ein besonders schlechtes Verhältnis zu ihren Eltern hatte. Nach dem Tod der Eltern erfuhr sie, dass sie nur einen Pflichtteil und ihr Bruder den Löwenanteil des Familienbesitzes bekommen sollte. Es kränkte und ärgerte sie nicht nur, dass sie deutlich schlechter gestellt wurde, sondern vor allem, dass ihr Bruder die gespannte Situation zwischen ihr und den Eltern, von der er ja wusste, zu seinem Vorteil ausgenutzt hatte.

Meine Klientin erklärte sich zu einer Visualisierungsübung bereit, die helfen sollte, etwas mehr Klarheit in die Situation zu bringen. Ich bat meine Klientin, sich einen Tisch vorzustellen, um den alle Beteiligten versammelt waren: sie selbst, die verstorbenen Eltern, der Bruder, dessen Frau und noch eine Tante, die auch in den Erbstreit verwickelt war. Sie konnte sich die Situation sehr plastisch vorstellen, allerdings fiel es ihr schwer, ihre Aufmerksamkeit auf jemand anderen als auf ihren Bruder zu lenken. Wir mussten die Übung (Beschreibung der Übung im Kapitel »Die mentale Ebene«) abbrechen, weil sie plötzlich heftig zu weinen begann, als ich sie bat, mir zu sagen, was sie an ihrem Bruder wahrnehmen würde. Als wir beim nächsten Mal die Übung fortsetzten, kam nicht nur Enttäuschung, sondern auch tiefer Schmerz darüber zum Vorschein, dass der geliebte Bruder ihr Vertrauen missbraucht hatte. Als Kind hatte sie den großen Bruder über alles geliebt. Er war ihr näher gewesen als die Eltern, mit denen sie schon als Jugendliche große Probleme und von denen sie sich im Laufe der Jahre fast ganz abgewendet hatte. Der Bruder konnte das nie ganz verstehen, weil er selbst ihre Abneigung gegen die Eltern nicht teilte. So hatten sie sich immer mehr entfremdet. Am Ende stand dann das ungerechte Testament.

Nach dieser Stunde sagte sie einige Therapietermine bei mir ab und kam erst einige Wochen später wieder. Ich hatte allerdings den Eindruck, dass sich ihre Gemütsverfassung positiv verändert hatte. In dieser folgenden Stunde arbeiteten wir musiktherapeutisch. Dabei tauchten in ihrer Erinnerung einige Situationen auf, die zeigten, dass sie selbst sich ihrem Bruder gegenüber nicht sehr freundlich verhalten hatte. Plötzlich sagte sie zu meiner Überraschung ganz ruhig: »Eigentlich verstehe ich meine Eltern, sie wussten ja, dass mein Bruder sich mit seinem Haus verschuldet hatte und das Geld viel nötiger braucht als ich. Und ich habe es ihnen weiß Gott leichtgemacht mit meiner Ablehnung und meinem Starrsinn.«

Wieder kam sie längere Zeit nicht mehr. Eines Tages meldete sie sich wieder und erzählte mir, dass sie nicht nur ihre Magenbeschwerden losgeworden sei, sondern auch ihrem Bruder verziehen habe. Viele Male hatte sie die Übung wiederholt, sich alle Beteiligten innerlich vorzustellen und zu Wort kommen zu lassen. Dadurch erkannte sie immer deutlicher ihren eigenen Anteil und fühlte sich am Ende nicht mehr als Opfer und damit in der Lage, mit ihrem Bruder ein Gespräch zu führen. Als er sich zunächst sehr schroff und ablehnend verhielt, wäre sie fast wieder in den alten Ärger verfallen. Aber sie widerstand dieser Versuchung und ließ nicht locker. Inzwischen hatte es mehrere Treffen gegeben, die allerdings zeigten, dass das Verhältnis wohl nie wieder so werden würde wie früher. »Und dennoch«, so formulierte sie abschließend, »ist ja jetzt bereits ein Wunder für mich geschehen.«

Auch wenn nicht alle Kriseninterventionen einen so positiven Ausgang haben, ist doch die Ehrlichkeit mit sich selbst wichtig und nimmt in vielen Fällen das Gefühl, nur ein armes Opfer zu sein. Den eigenen Anteil an einer Situation zu sehen ist ein wichtiger Schritt im Prozess des Verzeihens. Der selbstgerechte Mensch, der immer nur davon ausgeht, dass seine Wahrheit die richtige ist, wird vielleicht bereits hier »aussteigen« und die weiteren Schritte gar nicht mehr tun.

Hintergründe erkennen – Verständnis entwickeln

Dieser Schritt des Vergebensprozesses ist meistens der schwerste: Verständnis für den eigenen Schmerz zulassen und dabei trotzdem die Hintergründe und den eigenen Anteil an einer Situation erkennen.

In seiner »Positiven Psychotherapie« entwickelte der Arzt und Psychotherapeut N. Peseschkian verschiedene Strategien der Konfliktbewältigung. Dabei geht er davon aus, dass jeder menschliche Konflikt dadurch entsteht, dass wir in unserem Leben mit einer Realität konfrontiert werden, die dem widerspricht, was wir erwarten und für richtig halten. Jede Abweichung von dieser Haltung führt zum Konflikt. Da es uns Menschen sehr schwerfällt, dies zum Maßstab unseres Handelns zu machen, werden wir immer wieder mit Problemen und Konflikten konfrontiert – als Täter oder Opfer. Es braucht Lösungsstrategien wie das Konzept der Positiven Psychotherapie, dem die Auffassung zugrunde liegt, dass ausnahmslos jeder Mensch zwei Grundfähigkeiten besitzt:

- Erkenntnisfähigkeit
- Liebesfähigkeit

Je nach den Bedingungen seines Körpers, seiner Umwelt und der Zeit, in der er lebt, werden sich diese Fähigkeiten entwickeln und mehr oder weniger stark ausprägen.

Peseschkian drückt damit seinen Glauben daran aus, dass der Mensch in seinem innersten Wesenskern fähig zur Liebe und damit »gut« ist, auch wenn dieser innere Kern verschüttet und von Gewalt und Grausamkeit fast bis zur Unkenntlichkeit verdeckt ist. In seiner Positiven Psychotherapie spielt der Humor eine wichtige Rolle, der uns manchmal besser als alles andere hilft, aus dem »Gedankenkarussell« auszusteigen, und uns aus der Opferhaltung erlöst. Mit Hilfe des Humors kann man von sich selbst Abstand gewinnen, alles etwas leichter – eben nicht todernst – nehmen und so der Dynamik des Lebens wieder eine Chance geben.

Selbstironie, gelassene Heiterkeit über die Unzulänglichkeit des Menschen und die Einsicht, dass man Dinge, die man nicht ändern kann, am besten akzeptiert, kommen zum Beispiel im jüdischen Witz in besonderer Weise zum Ausdruck. Viele jüdische Anekdoten haben mit Verzeihung zu tun, wie etwa die folgende:

Als Aaron Blumenthal nach Hause kommt, findet er eine wütende Ehefrau vor. Sie hat herausgefunden, dass er seit längerer Zeit eine junge Freundin hat, und ist tief beleidigt. »Schau«, sagt ihr Mann, »unser Bürgermeister hat eine Freundin, unser Hausarzt hat eine Freundin, lass mich doch auch eine kleine Freundin haben.« Aber seine Frau ist gekränkt und spricht wochenlang nicht mit ihm. Sie will ihm auf keinen Fall verzeihen, obwohl er sie noch so sehr bittet. Da lädt er sie eines Tages ins Ballett ein. Sie sitzen auf den besten Plätzen, und als die zauberhaften jungen Damen erscheinen, sagt Aaron zu seiner Frau: »Sieh mal, die linke ist die Freundin des Bürgermeisters und die mittlere die Freundin unseres Doktors.« – »Und welche ist deine?«, fragt seine Frau. »Na ja, die ganz außen rechts«, gesteht er etwas kleinlaut. Stille. Nach einer Weile sagt seine Frau im Brustton der Überzeugung: »Unsre ist die schenste!«

An die Grenzen unseres Verständnisses geraten wir, wenn es um die Frage geht, warum jemand einen anderen Menschen schlägt, missbraucht oder tötet. Manchmal begreifen wir eine Tat, wenn wir die Geschichte kennen, die dahintersteht. Doch zu verstehen, was einen Menschen bewegt hat, unrecht zu tun, heißt dennoch nicht, die Tat gutzuheißen. Aber indem man sich in den anderen hineinversetzt, versucht, ihn zu verstehen, und nicht einfach nur urteilt und aburteilt, eröffnet sich zumindest die Möglichkeit zur Verzeihung. Blinde Rache, auch wenn sie zuweilen verständlich ist, hat noch nie einen Menschen – oder die Welt – verbessert.

Wollen wir dem Thema Kränkung und Verzeihung auf die Spur kommen, sollten wir uns mit der sogenannten Projektionstheorie auseinandersetzen. »Projektion« bedeutet, »das Licht auf etwas zu werfen«, damit es besser erkannt werden kann. Eine Projektion zeichnet sich in der Regel dadurch aus, dass sie von unverhältnismäßig starken Emotionen begleitet wird. Wir empfinden dann das Verhalten, das wir an uns selbst nicht wahrnehmen wollen, bei einem anderen in besonderem Maße als störend. Etwas, das auch in uns schlummert, sehen wir übergroß im anderen, der es im Gegensatz zu uns nach außen zeigt. Wir sehen zwar den Splitter im Auge des anderen, aber nicht den Balken im eigenen Auge, wie es im Neuen Testament heißt. Der kleine verborgene Persönlichkeitsanteil in uns wirkt wie ein Angelhaken, an dem der deutlich sichtbare Anteil im Außen und am anderen hängenbleibt. So hat der versteckte Teil in uns die Chance, ans Licht zu kommen. Und das genau will unsere Psyche erreichen, weil sie nach Ganzheit strebt. Deshalb kann die Projektion auch positive eigene Anteile betreffen, nicht nur die gesellschaftlich und kulturell weniger akzeptierten. Diesen nicht sichtbaren Teil der Persönlichkeit, der negativ oder positiv sein kann, nennt C. G. Jung den »Schatten«, den wir projizieren, damit er sichtbar wird. Wenn wir etwas sehr heftig von uns weisen und im Brustton der Überzeugung sagen, dass uns das nie passieren könnte, liegt die Vermutung nahe, dass wir damit auch einen eigenen verbotenen Anteil heftig in die Schranken weisen.

Wir sollten unsere eigenen Kränkungen und Verletzungen daraufhin untersuchen, ob es sich vielleicht um Projektionen handelt. Der andere war vielleicht gar nicht so ablehnend, hat uns nicht in dem Maße kritisiert, wie wir es wahrgenommen haben. Vielleicht sind wir selbst sehr kritische Menschen, halten uns aber für besonders tolerant. Zumindest sollten wir die Möglichkeit in Betracht ziehen, dass wir eigene Schattenanteile auf den anderen projizieren, weil wir uns selbst nicht eingestehen wollen, dass wir eigentlich ähnlich denken.

Ein katholischer Bischof wies kürzlich in einer Diskussion über Steuerhinterziehung darauf hin, dass wir uns selbst fragen sollten, wo wir unsere Pflicht dem Staat und damit der Gemeinschaft gegenüber nicht ganz ehrlich erfüllen. Die Schuld derer, die in großem Maße der Allgemeinheit Gelder entziehen, wird dadurch zwar nicht geringer, legitimiert aber nicht eigenes Unrecht. Wenn uns die Möglichkeit der Schattenprojektion bewusst ist und wir uns ehrlich damit auseinandersetzen, wird es uns leichter fallen, dort zu verzeihen, wo wir selbst beteiligt waren. All das zeigt, dass Verzeihung nie »billig« zu haben ist. Sie erfordert die Bereitschaft, sich auseinanderzusetzen, sich mit sich selbst oder mit anderen zu konfrontieren und so manches Mal »über den eigenen Schatten zu springen«, vorausgesetzt, man erkennt, dass man einen hat.

Eine weitere Hilfe auf dem Weg zur Verzeihung kann die Erkenntnis sein, dass wir wachsen und uns entwickeln können, wenn wir lernen, mit erlittenem Unrecht umzugehen, ohne daran zu zerbrechen.

Die östlichen Religionen und Weisheitslehren sehen in dem, was uns jetzt widerfährt, eine Folge früherer Taten oder Gedanken. Die Lehre vom Karma kann uns helfen, alles in einen größeren Zusammenhang zu stellen.

Die Vergangenheit annehmen

Machen Sie sich bewusst, dass Sie – was immer auch passiert ist – die Vergangenheit nicht ändern können. Zu vergeben ändert die Vergangenheit nicht, aber die Zukunft. Sie haben Einfluss darauf, wie sich die Zukunft entwickelt. Um die Zukunft gestalten zu können, müssen wir lernen, im Jetzt und nicht in der Vergangenheit und ihren Dramen zu leben. Nur jetzt, in diesem Augenblick, können wir erkennen, was wichtig ist. Sehr oft höre ich in meiner Praxis Geschichten, die von Bedauern und Selbstvorwürfen geprägt sind, weil ein wichtiger Moment versäumt wurde.

Eine Frau mittleren Alters erzählte mir, dass sie sich schon lange mit dem Gedanken getragen habe, endlich mit ihrer Schwester über einen Jahre zurückliegenden Streit zu sprechen. Immer wieder hatte sie es verschoben, weil etwas anderes wichtiger war. Dabei hatte sie so oft von ihrer Schwester geträumt. Nach solchen Nächten fragte sie sich, was eigentlich das Verhältnis zu der früher so geliebten großen Schwester zerstört hatte. Es waren viele kleine Missverständnisse gewesen, die nie ausgesprochen wurden. In ihrer Familie war Streit entweder erbittert ausgetragen oder das Konfliktpotenzial um des lieben Friedens willen verdrängt worden. Sie hatte nicht erlebt, dass man anderer Meinung sein, andere Wege gehen und andere Überzeugungen haben durfte, ohne dass es der Liebe zueinander geschadet hätte. Zu Hause hieß es entweder: Wir halten zusammen, was bedeutete, es gibt keine andere Meinung, oder: Wir sind gegeneinander.

So war allmählich eine Kluft zwischen ihr und der restlichen Familie entstanden. Sie war eine Zeit im Ausland gewesen, lebte mit einem Mann zusammen, der nicht ins Bild der Familie passte, und setzte sich kritisch mit der Familie auseinander. Aber ihre Schwester hatte sie immer geliebt. Und doch gab es etwas, was sie ihr nie verziehen hatte. In ihrer Not hatte sie sich ihr einst wegen eines Schwangerschaftsabbruchs anvertraut. Als die Schwester das empört den Eltern erzählte, war sie bitter enttäuscht. Nie mehr wurde darüber gesprochen, es wurde überhaupt nie mehr gesprochen. Meine Klientin erzählte mir weinend, dass es jetzt zu spät sei. Obwohl sie wusste, dass ihre Schwester an einer Krebserkrankung litt, hatte sie ein klärendes Gespräch hinausgeschoben. Als sie dann die Todesanzeige erhielt, erlitt sie einen regelrechten Schock. Nie mehr konnte sie der Schwester sagen, wie sehr sie sie doch geliebt hatte. Und sie konnte ihr keine Gelegenheit mehr geben, ihr zu verzeihen. Sie war sicher, die Schwester hätte das auch gewünscht, aber auch sie war offensichtlich nicht in der Lage gewesen, den ersten Schritt zu tun. Damit nicht auch noch die Zukunft von dieser Belastung geprägt sein würde, wollte sie jetzt verzeihen und ihrer Schwester über den Tod hinaus eine versöhnliche Botschaft schicken. Mit Hilfe einer musiktherapeutischen Begleitung löste sie langsam die alten Verkrustungen, die auf ihrer Seele lagen. Am Ende hatte sie das Gefühl, über die Grenzen des Todes hinaus ihre Schwester erreicht zu haben.

Versuchen Sie, das Vergangene als einen Teil Ihres Lebens zu sehen. Jede schwere Bürde und jedes Leid, jede Enttäuschung und Verletzung, so schmerzhaft sie auch waren – all dies hat ein Stück zu Ihrer Entwicklung beigetragen. Und selbst wenn Sie diese Erkenntnis nicht gewonnen haben – es ist nicht zu ändern. Aus der Verhaftung an die Vergangenheit entsteht auf jeden Fall noch mehr Leid, weil Sie das Leben, das jetzt stattfindet, kaum mehr richtig genießen können. Weil wir uns vor einer solchen endgültigen Konsequenz scheuen, neigen wir manchmal dazu, Vergangenes zu beschönigen, obwohl wir tief im Inneren wissen, dass es uns eher belastet. Fehler machen und Scheitern gehören zum Leben. Wer etwas analysiert und die Konsequenzen daraus zieht, wird in Zukunft häufiger das Richtige tun.

Zusammenfassung

Verzeihen gelingt,

- wenn wir als ersten Schritt die Entscheidung treffen, Verzeihung zu bedürfen oder uns selbst beziehungsweise einem anderen Menschen verzeihen möchten;
- wenn wir uns über unsere eigenen Gefühle im Klaren sind und diese Gefühle erst einmal akzeptieren – auch wenn sie uns unangenehm sind;
- wenn wir den Mut haben, die eigene Verletzung und die Verletzung, die wir anderen zugefügt haben, nicht nur zu erkennen, sondern wirklich zu spüren;
- wenn wir uns mit der Situation auseinandersetzen und den eigenen Anteil erkennen und dazu stehen und nicht nur auf andere projizieren;
- wenn wir den Verzeihensprozess als eine Möglichkeit zur Entwicklung sehen können;
- wenn wir in manchen Kränkungssituationen auch den Humor nicht ganz vergessen;
- wenn wir die Vergangenheit annehmen, weil sie nicht mehr zu ändern ist; das gilt vor allem bei schwerwiegenden Kränkungen, Verlusten oder Verletzungen; nur dann können wir uns überhaupt für den Verzeihensprozess öffnen.

Wem verzeihen?

Wer verzeiht, kann das Mitgefühl, die Güte, Zärtlichkeit und Fürsorge fühlen, die immer in unserem Herzen wohnen, ganz gleich, wie uns die Welt im Augenblick auch erscheinen mag.

Gerald G. Jampolsky

Sich selbst verzeihen

Gibt es etwas, was Sie sich selbst verzeihen möchten oder sollten? Vorausgesetzt, Sie sind ehrlich mit sich, werden Sie die Frage vermutlich mit einem Ja beantworten. Allerdings braucht es manchmal etwas Zeit, bis entsprechende Situationen in unserer Erinnerung auftauchen, in denen wir falsch gegen unser Gewissen, gegen unsere innere Stimme gehandelt haben. Immer gibt es Lebenssituationen, in denen wir Fehler machen, die uns später leidtun und die wir uns – auch wenn es uns manchmal nicht bewusst ist – nicht wirklich verzeihen. Die Auswirkungen solcher Fehler können sehr unterschiedlich sein. Ein junger Mann, der angetrunken einen Fußgänger überfahren hat, wird sich diesen Fehler wahrscheinlich schwerer verzeihen als jemand, der einen anderen mit Worten verletzt hat.

Da gibt es einmal die vielen kleinen Dinge des Alltags, die wir uns selbst immer wieder verzeihen müssen. Ich denke nur daran, wie schnell mir selbst manchmal die »yogische Gelassenheit« verlorengeht, wenn ich einen wichtigen Termin habe und jemand vor mir am Fahrkartenautomaten trödelt und beispielsweise immer wieder versucht, mit demselben 20-Euro-Schein zu zahlen, obwohl der Automat ihn nicht annimmt. Vor kurzem wurde ich Zeugin, wie in der Straßenbahn einige Jugendliche eine Frau beleidigten und bedrohten. Ich habe mich nicht eingemischt, vermutlich weil ich zu feige war. Es hat mich stundenlang beschäftigt, warum ich nicht gehandelt habe. Mir wurde klar, dass ich selbst Angst vor der Aggression der Jugendlichen hatte und mich nicht stark genug fühlte, einzugreifen. Mir kamen andere Situationen in den Sinn, in denen ich mich ähnlich verhalten hatte. Schließlich wurde mir klar, dass ich mir selbst verzeihen muss, dass ich manchmal zu wenig Mut gezeigt habe. Sofort wurde mein Kopf wieder freier, und mir wurde bewusst, dass ich genau daran arbeiten möchte: Weniger Angst vor Aggression zu haben und Verhaltensweisen zu erproben, wie man in einer solchen Situation handeln könnte. Bevor mir bewusst geworden war, dass ich mir verzeihen muss, drehten sich meine Gedanken nur im Kreis, und ich war nicht wirklich offen für Lösungen.

Wenn wir uns mit dem Verzeihen auseinandersetzen, lernen wir uns selbst besser kennen, werden uns über die Motive unserer Handlungen klarer und können Alternativen entwickeln.

Vielleicht möchten Sie sich verzeihen, dass Sie immer wieder auf die gleichen Menschen »hereinfallen«, weil Sie nur das Äußere, das Verführerische sehen. Vielleicht möchten Sie sich verzeihen, dass Sie durch eigene Konfliktscheu und Angst vor Strafe andere zu Tyrannen machen. Denn je mehr Sie sich tyrannischen Menschen unterordnen und ja sagen zu Dingen, die Sie eigentlich nicht gutheißen können, umso mehr werden andere ihre Macht entfalten und auch missbrauchen. Vielleicht möchten Sie sich verzeihen, dass Sie manchmal zu mutlos und schwach sind, um Ihr eigenes Potenzial zu entfalten und nach außen zu tragen, um damit wieder vielen anderen Menschen einen Weg zu zeigen. Vielleicht geht es darum, sich einen Schwangerschaftsabbruch zu verzeihen oder dass Sie den Widerstand des Partners einfach übergangen und eine

Schwangerschaft fast erzwungen haben. Die Liste ließe sich beliebig verlängern und kann fast täglich ergänzt werden. Dabei geht es keinesfalls nur um große Ereignisse oder Versäumnisse, sondern um die vielen kleinen Fehler, die wir uns manchmal nur schwer verzeihen. Vielleicht mögen Sie sich ein wenig Zeit nehmen, um in sich hineinzuhorchen, was Sie sich verzeihen möchten, zum Beispiel:

- dass Sie schon wieder einmal zu viel geraucht haben, obwohl Sie eigentlich schon längst aufhören wollten;
- dass Sie beim Einparken nicht so ganz genau auf das andere Auto geachtet haben und vielleicht doch für den kleinen Kratzer verantwortlich sind;
- dass Sie sich schon wieder mal am Bürotratsch beteiligt haben, obwohl Sie es nicht wollten;
- dass Sie Ihre Mutter am Telefon schroff abgewiesen haben, obwohl Sie wissen, dass die Mutter eigentlich nur einen freundlichen Satz hören wollte;
- dass Sie Ihren Hund bei der Hitze zu lange im Auto gelassen haben, weil Sie unbedingt noch einen Pullover probieren wollten;
- dass Sie behaupteten, keine Zeit zu haben, um einer Freundin zu helfen, dabei hätten Sie sehr wohl Zeit gehabt;
- dass Sie sich innerlich nicht so über den Karrieresprung eines Bekannten freuten, wie Sie äußerlich vorgaben;
- dass Sie zu schüchtern waren, das zu sagen, was Sie eigentlich gern gesagt hätten;
- dass Sie trotz Ihres Vorsatzes schon wieder Schokolade gekauft – und gegessen – haben;
- dass Sie die Treppenreinigung des gemeinschaftlichen Hausflures nun doch nicht, wie Sie es sich vorgenommen hatten, für die kranke Nachbarin übernommen haben;

- dass Sie einen bestimmten unangenehmen Anruf noch immer nicht getätigt haben;
- dass Sie ein Versprechen nicht gehalten haben;
- dass Sie nicht genug Energie aufbringen, etwas in Ihrem Leben zu verändern;
- ...

Bei jedem Menschen gibt es vermutlich Dinge, die er sich schwerer eingesteht und sich damit auch schwerer verzeiht. Wenn wir eine falsche Entscheidung getroffen haben, die das ganze Leben beeinflusst, weil wir eine Sache nicht ernst genug genommen haben, weil wir bequem und nachlässig waren oder einfach weil wir uns einen größeren Vorteil erhofft haben, und vor allem wenn wir mit den Konsequenzen dieser Fehler leben müssen, fällt das Verzeihen schwer.

Viele meiner Klienten und Klientinnen bereuen es, Menschen verletzt zu haben, die ihnen nahestehen und die sie lieben, und leiden darunter, etwas Gesagtes nicht rückgängig machen zu können. Eine Frau erzählte mir, dass sie jahrelang ein Verhältnis mit dem Mann ihrer Nachbarin und Freundin hatte. Als der Geliebte sich entschloss, seine Frau zu verlassen, um mit ihr zusammenzuziehen, kam diese völlig aufgelöst und weinend zu ihr, umklammerte sie und schluchzte: »Du bist doch meine Freundin!« Meine Klientin erzählte mir, dass sie diesen Gefühlsausbruch so unangenehm empfand, dass sie ihr fast entgegenschleuderte: »Ich war nie deine Freundin.« Im Nachhinein wurde ihr klar, dass ihr eigenes schlechtes Gewissen sie dazu veranlasst hatte, so hart und ungerecht zu reagieren. Diese verletzende Situation hatte weitreichende Folgen, denn von nun an begann der Kampf um die Kinder, und die Trennung wurde zum Alptraum für alle Beteiligten.

Die Notwendigkeit des Verzeihens ergibt sich oft gerade in engen Beziehungen wie in der Partnerschaft oder innerhalb der Familie. Je näher wir uns sind, umso verletzbarer sind wir auch. Sich von den Eltern abgelehnt zu fühlen ist in der Regel sehr viel schmerzhafter als von Lehrern oder anderen Bezugspersonen. Je enger die Beziehung, desto heftiger die Gefühle im positiven wie im negativen Sinn.

Darüber hinaus gibt es vieles, was uns nicht bewusst ist. Ein Unternehmensberater, der zur Entlassung von Angestellten rät, damit sich das Firmenergebnis seines Auftraggebers verbessert, wird bei der Frage, ob er sich etwas zu verzeihen habe, vielleicht zunächst erstaunt die Augenbrauen hochziehen. Möglicherweise gibt es trotzdem Momente, in denen er sich fragt, ob er nicht zu sehr an die Bilanz und das Wohlergehen des Firmenbesitzers und zu wenig an die Schicksale der Menschen gedacht hat, die von seinem Rat betroffen sind, also »abgebaut« werden. Vielleicht hätte es andere Wege gegeben, die zwar nicht so lukrativ für einige – unter anderem auch nicht für ihn selbst – gewesen wären, aber dafür gerechter.

Uns selbst bewusst zu verzeihen setzt voraus, dass wir uns genug lieben, um auch die starken und positiven Seiten in uns erkennen und wertschätzen zu können. Dann können wir nicht nur uns selbst verzeihen, sondern andere um Verzeihung bitten. Wenn unser Selbstwertgefühl schwach ist und wir unser Selbstbewusstsein in erster Linie daraus beziehen, wie wir im Außen wirken, wie erfolgreich und beliebt wir sind, wird es uns nicht leichtfallen, unsere eigenen Schattenseiten anzuschauen. Dann müssen wir uns vielleicht gerade das verzeihen, dass wir immer wieder angepasst reagieren und dem anderen im Gespräch zustimmen, obwohl wir eigentlich anderer Meinung sind.

Wenn es uns gelingt, uns als ganzen Menschen mit Licht- und Schattenseiten zu erkennen, werden wir uns leichter dessen bewusst, dass wir uns immer wieder verzeihen müssen, genau wie wir immer der Verzeihung bedürfen.

Eine Person, die in erster Linie an ihre eigene Gewinnmaximierung denkt und vergisst, dass Teilen nicht nur heißt, ein wenig vom Überfluss abzugeben, kann von uns verurteilt werden, doch in gewisser Weise trifft das für uns alle in den reichen Industrieländern zu. Was können wir, was sollen wir uns – verzeihen? Zum Beispiel, dass wir vergessen haben, dass uns dieses Leben nur für eine kurze Weile geschenkt ist, dass wir eigentlich die Welt für alle zu einem schöneren Platz machen sollten und dass wir dadurch selbst glücklicher und zufriedener werden. Wir können uns auch verzeihen, dass wir manches Mal zu preisgünstigen Produkten greifen, wohl wissend, dass wir damit Menschen am anderen Ende der Welt vielleicht indirekt Schaden zufügen. Wie weit wir in unserem Verzeihen gehen möchten, hängt davon ab, wie eng oder großzügig wir die Grenze zwischen uns und anderen ziehen.

Neben denen, die glauben, nichts zu verzeihen zu haben, gibt es andere, die im wahrsten Sinne des Wortes »kein gutes Haar« an sich selbst lassen. Sie scheinen es sogar zu genießen, sich abzuwerten und sich für alles schuldig zu fühlen.

»Ich zerstöre alle Beziehungen, bin immer diejenige, die Unfrieden in meiner Familie sät oder unzufrieden ist.« Als ich eine Klientin kürzlich fragte, ob sie denn bereit sei, sich diese »Veranlagung«, wie sie es selbst nennt, zu verzeihen, antwortete sie spontan mit einem Nein. Im Verlauf der folgenden Gespräche entdeckte ich immer wieder das unsichere und verletzte Kind in dieser erwachsenen und im Beruf recht erfolgreichen Frau. So viele Verletzungen und Abwertungen aus ihrer Kindheit hatten sich in ihr Unbewusstes eingebrannt und ließen keinen Raum für eine andere Sichtweise von sich selbst. So erstaunte es mich nicht, dass sie fragte, wie man das denn mache, sich selbst zu lieben. »Ich kaufe mir teure Kleider, gehe gut essen und leiste mir auch manchmal eine exotische Massage, ist das Selbstliebe?« Als ich sie während einer therapeutischen Musikreise danach fragte, wie sich ihr Körper anfühle, antwortete sie, dass sie das nicht wisse, er sei eher wie ein Stück Holz oder etwas aus Plastik. Ich fragte sie anschließend, wie es sich denn anfühlen würde, die teuren Kleider zu tragen oder massiert zu werden. Dazu meinte sie, dass sie sich dann ganz kurz lebendig und gut fühle. Die Glücksmomente, die wir uns kaufen können, sind von kurzer Dauer. Sie reichen allerdings nicht aus, um uns so zu lieben, dass wir unsere Schattenseiten annehmen und liebevoll mit uns selbst umgehen können, wozu gerade auch das Verzeihen gehört.

Selbstliebe und Wertschätzung des eigenen Lebens sind Voraussetzung dafür, sich zu verzeihen. Echte Selbstliebe, die nicht von der Bestätigung anderer Menschen abhängt, nicht von der sozialen Stellung und vom erwirtschafteten Gewinn, nicht von der Ausbildung und der Gruppenzugehörigkeit, ist nicht weitverbreitet. Deshalb wird der Begriff Selbstliebe auch oft mit Selbstsucht verwechselt. Der selbstsüchtige Mensch sucht Anerkennung, um die eigene Person zu legitimieren und zu stabilisieren. Besitz und Ansehen müssen vergrößert werden, auch die Kinder sollten etwas Besonderes sein, ausgesuchte Schulen besuchen und hochintelligent sein. Die Freude am Nehmen im Gegensatz zum Geben zeigt sich an der Anhäufung von immer mehr Besitz.

Sigmund Freud vertrat die Ansicht, dass die selbstsüchtige Person narzisstisch sei und anderen die Liebe entziehen würde, um sie dann auf sich selbst oder zumindest auf den engsten Familienkreis zu richten. So ist zwar der selbstsüchtige Mensch unfähig, andere um ihrer selbst willen zu lieben, aber auch unfähig, sich selbst wirklich zu lieben. Meist ist damit auch ein schwieriges Verhältnis zum eigenen Körper verbunden. Er steht dann eher im Dienst der Selbstdarstellung und wird zwar äußerlich gepflegt, aber nicht als Quelle des Glücks und der inneren Zufriedenheit erlebt. Gerade bei Frauen erlebe ich häufig, dass der eigene Wert sehr stark an der äußeren Erscheinung und zum Beispiel am niedrigen Körpergewicht gemessen wird. Mit eiserner Disziplin werden manchmal auch einfachste Bedürfnisse abgeschmettert, um dem eigenen Selbstbild zu entsprechen. Dieses Bild ist allerdings geprägt von Medien und Schönheitsindustrie und meist nicht von echten inneren Bedürfnissen.

Übung: Königliche Haltung einnehmen

Selbstliebe fängt beim eigenen Körper an. Wenn Sie üben wollen, sich selbst mehr zu lieben und wertzuschätzen, möchte ich Ihnen die nachfolgende Übung empfehlen. Die »königlichen Attribute«, die mit dieser Übung entwickelt werden können, sind in diesem Fall: Wertschätzung von sich und anderen, Gelassenheit, Zentrierung, gesundes Selbstwertgefühl.

- Stellen Sie sich aufrecht hin und spüren Sie ganz bewusst Ihre Füße.
- Stellen Sie sich vor, Sie verwurzeln sie im Boden, so, wie ein mächtiger, großer Baum seine Wurzeln in die Erde senkt. Lassen Sie die Knie locker, entspannen Sie

das Becken, indem Sie es ein paarmal kurz nach vorne und nach hinten kippen und dann den Rücken gerade aufrichten.

- Lassen Sie die Empfindung entstehen, dass Sie vom Scheitel aus leicht nach oben gezogen werden. Der Hals wird länger und der Rücken aufrechter.
- Ziehen Sie die Schultern leicht zurück und lassen Sie die Arme locker neben dem Körper hängen. Der Brustkorb scheint ganz geöffnet und weit zu sein.
- Heben Sie Ihr Brustbein etwas nach oben, der Bauch bleibt dabei ganz locker.
- Stellen Sie sich vor, wie Ihre Stirn schräg nach oben strebt, ohne dabei den Kopf zu bewegen. Ziehen Sie die Mundwinkel etwas nach oben und entspannen Sie die Lippen.
- Lassen Sie sich einen Moment Zeit, bis Ihr Körper diese Haltung verinnerlicht hat, und atmen Sie dabei tief und gleichmäßig.
- Sie können diese Übung mit folgenden Affirmationen verbinden: »Ich bin die strahlende Sonne meines Lebens.« – »Ich bin aufrecht, ich bin stark.«

Schon nach wenigen Augenblicken werden Sie spüren, wie sich diese Haltung auf Ihr inneres Gleichgewicht auswirkt.

Es hat sich in meiner Arbeit bewährt, dem Thema Selbstliebe einen großen Raum zu widmen. Viele Menschen, die unter Schuldgefühlen leiden und sich selbst Fehler nicht verzeihen können, leiden in Wirklichkeit unter mangelnder Selbstliebe und Selbstachtung. Dazu gehören zum Beispiel auch die »selbstlosen« Menschen, die alles für andere tun, sich nie Zeit für sich nehmen, bescheiden sind und sich ständig zurücknehmen. Gerade sie sind oft gnadenlos und hart gegen sich selbst und können sich nur sehr schwer einen Fehler verzeihen. »Das hätte mir nicht passieren dürfen, ich muss fehlerlos sein, ich muss an alles denken, ich habe eine hohe Verantwortung usw.« Dagegen verzeihen sie manchmal anderen vorschnell, um deren Liebe nicht zu verlieren. Sie zeigen sich anderen gegenüber großmütig, aber sich selbst oder den ganz eng vertrauten Menschen gegenüber überkritisch.

Wie belastend es ist, sich selbst nicht zu verzeihen, zeigt die folgende Fallgeschichte.

»Das kann ich mir nie verzeihen«, gestand mir eine Klientin während der Therapiestunden. Sie war in Urlaub gefahren, obwohl ihre Mutter sehr krank war und man ihr in der Klinik gesagt hatte, dass es bald zu Ende gehen könne. Da sie sich seit Jahren von ihrer Mutter terrorisiert gefühlt und schon mehrmals Urlaubsreisen oder wichtige Termine wegen deren Krankheiten abgesagt hatte, wollte sie diesmal nicht nachgeben. Sie hatte sich so auf den Urlaub gefreut, und bei ihrem letzten Besuch bei ihrer Mutter deutete nichts darauf hin, dass sie sterben würde. »Lass mich nicht allein«, das waren die letzten Worte der Mutter, als sie sich verabschiedete. Sie war zwar mit schlechtem Gewissen losgefahren, hatte aber die Tage im Süden genossen, bis sie kurz vor ihrer Rückfahrt die Nachricht vom Tod ihrer Mutter erhielt. Immer wieder malte sie sich im Geiste aus, wie einsam sich die Mutter am Ende gefühlt haben mochte. Indem sie sich dieses Verhalten nicht verzieh, glaubte sie, die Schuld ein wenig abzubüßen. Schließlich erkrankte sie selbst an Krebs. Anfangs erschien ihr die Diagnose wie eine Erlösung aus ihren quälenden Gedanken. Jetzt konnte und musste sie sich ausschließlich um sich selbst kümmern. Sie suchte Rat bei mehreren alternativen Therapeutinnen und Heilern, beschäftigte sich intensiv mit ihrer Erkrankung, mit gesunder Ernährung, besuchte eine Selbsterfahrungs-gruppe und einen Yoga-Kurs. Wir arbeiteten mit Musik-therapie an ihren alten »Programmen«. Sie hatte sich ihr ganzes Leben lang immer nur wertvoll gefühlt, wenn sie zur Stelle war, wenn andere sie brauchten. Dass sie nicht bei ihrer Mutter weilte, als diese starb, hatte sie in ein tiefes Gefühl von Wertlosigkeit gestürzt, das nach ihrer eigenen Einschätzung mit zum Entstehen ihrer Krankheit beigetragen hatte. Am schlimmsten war es für sie, dass die Mutter nicht mehr da war, um sie zu »ent-schulden«, als sie mit schlechtem Gewissen von ihrer Urlaubsreise zurückkehrte.

Es ist sehr verständlich, dass uns das Selbstverzeihen leich-ter fällt, wenn uns vorher von anderen verziehen wird. Sind diese anderen aber nicht mehr am Leben, nimmt das Schuldgefühl nicht selten enorme Dimensionen an und führt häufig zu einer Depression.

Verzeihung und Tod:
Wenn der Mensch, dem wir verzeihen möchten oder von dem wir uns Verzeihung wünschen, nicht mehr lebt

Zu den schmerzhaftesten menschlichen Erfahrungen gehört es, wenn wir einen Konflikt mit einem Menschen nicht mehr bereinigen, uns nicht mehr entschuldigen oder um Entschuldigung bitten können. Obwohl die Verzeihung auch über die Grenzen von Raum und Zeit hinaus gelingen kann, fällt es meist schwerer, die Auswirkungen einer Verzeihung wirklich zu spüren. Eine gute Möglichkeit ist hier die Arbeit auf symbolischer Ebene, zum Beispiel durch Gebete, religiöse Rituale oder schamanistische Rituale in Verbindung mit den vier Elementen (zum Beispiel einen Brief an den Verstorbenen schreiben und dem Feuer übergeben). Anders als bei jemandem, den wir anschließend umarmen können, fehlt hier das erlösende Gefühl auf der körperlichen Ebene. Da ich diese Erfahrungen in meiner Arbeit immer wieder mache, wie quälend Unverziehenes nach dem Tod des Betroffenen sein kann, halte ich es für sehr wichtig, sich von Zeit zu Zeit mit dem Thema Verzeihung zu beschäftigen. So wie auch unser Körper immer wieder eine äußere und innere Reinigung benötigt, braucht auch die Seele solche Rituale. Immer wieder sammelt sich »Seelenmüll«, der des Loslassens und der Verzeihung bedarf und den man nicht verdrängen sollte, bis uns das Leben schmerzhaft damit konfrontiert, etwa durch den plötzlichen Tod eines Angehörigen oder Freundes, mit dem uns ein ungelöstes Problem verbindet.

Übung: Einen Brief schreiben

Nehmen Sie sich Zeit für sich, um dem Menschen, dem Sie nicht oder noch nicht verzeihen können, einen Brief zu schreiben. Es kann sein, dass Sie zuerst einen Brief an sich selbst richten müssen, in dem Sie alles, was vorgefallen ist, genau beschreiben, mit allen Gefühlen, Wünschen, Enttäuschungen und Hoffnungen. Vielleicht braucht ein solcher Brief Wochen oder Monate, bis alle Aspekte der Situation beleuchtet, alle damit verbundenen tiefen Gefühle ausgelotet sind. Beschreiben Sie so genau wie möglich, was Sie wahrgenommen haben, wie sich die Situation entwickelt hat, wie Ihre Gefühle damals waren und wie sie jetzt sind. Erklären Sie, warum Ihnen das Verzeihen so schwerfällt. Schreiben Sie über Ihre Trauer über den Verlust, über Ihre Wut, vielleicht weil der andere die Tat noch nicht einmal bereut hat. Schreiben Sie so viel wie möglich von sich in diesem Brief, nicht vom anderen. Es geht um Sie und Ihre Gefühle.

Vielleicht fühlen Sie sich anschließend in der Lage, dem anderen Menschen einen Brief zu schreiben, in dem Sie Ihre Gefühle und Erfahrungen darlegen und ihm erklären, warum Sie ihm (noch) nicht verzeihen oder noch nicht um Verzeihung bitten können.

Entscheiden Sie am Ende, ob Sie den Brief abschicken oder vorerst aufbewahren, um vielleicht später darauf zurückzukommen. Wenn die Person, an die der Brief gerichtet ist, nicht mehr lebt, könnten Sie Ihre Zeilen in einem Ritual verbrennen oder einem fließenden Wasser übergeben. Sie werden spüren, wie diese rituelle Handlung Sie entlastet und befreit, auch wenn der andere Ihnen nicht mehr verzeihen oder sich für Ihre Verzeihung bedanken kann.

Vom richtigen Zeitpunkt des Vergebens

Ein jüngerer Mann erzählte mir, dass seine Frau ihn verlassen habe, weil sie sich in einen anderen verliebt habe. Während unserer Unterhaltung entschuldigte er die Frau immer wieder und betonte, dass sie ganz ehrlich und fair mit ihm umgegangen sei. Schließlich könne man ja nichts dafür, wenn man sich verliebe, und vielleicht sei er ja wirklich mehr mit seinem Beruf verheiratet gewesen als mit ihr. Als ich ihn schließlich fragte, wie er sich denn dabei fühle, antwortete er: »Am schlimmsten finde ich, dass ich tief innerlich spüre, dass ich ihr nicht verzeihen kann, obwohl sie mich darum gebeten hat. Und wenn ich sie liebe, müsste ich ja dazu in der Lage sein. Aber ich kann es einfach nicht.« Ich bestärkte ihn darin, sich Zeit zu lassen und erst einmal mit seiner Trauer umzugehen, anstatt seiner Frau vorschnell zu verzeihen. Offensichtlich plagte sie sich selbst mit Schuldvorwürfen und wünschte sich durch die Verzeihung ihres Mannes eine gewisse Entlastung, die allerdings nur dann wirksam wäre, wenn sie aus ganzem Herzen käme. Er entschied sich schließlich, sich zu »erlauben«, erst dann zu verzeihen, wenn er voll und ganz dazu stehen könne.

Den richtigen Zeitpunkt zur Verzeihung zu finden ist nicht immer leicht, vor allem wenn man selbst ein eher ungeduldiger Mensch ist und immer gleich ein Ergebnis seiner Bemühungen sehen möchte. Echtes Verzeihen kann ein langer Prozess sein, der mit der eigenen Entwicklung zusammenhängt. Ein junger Lehrer erzählte mir von seinem Groll, den er seit Wochen in sich trug, nachdem er von seinem Vorgesetzten beurteilt worden war. Fachlich war der Lehrer sehr gut beurteilt worden, während ihm pädagogisch eher mäßige Fähigkeiten bescheinigt worden waren. Ein Gespräch mit seinem Vorgesetzten, das er sofort empört eingefordert hatte, brachte keine Lösung. Der Direktor blieb bei seiner Meinung und der Beurteilte bei seiner Kränkung. Als ich nach mehreren Jahren in einer anderen Angelegenheit wieder mit diesem Mann zu tun hatte, kamen wir auf die damalige Beurteilungssituation zu sprechen. Er erzählte mir, dass er inzwischen den Vorgesetzten viel besser verstehen könne und dass sich sein Verhältnis zu den Schülern sehr gewandelt hätte. Obwohl der Ärger über die schlechte Beurteilung, die seine Karrierechancen damals gemindert hatte, anfangs eher eine selbstkritische Haltung verhinderte, wurde ihm im Laufe der Zeit klar, was er verändern sollte. Damit veränderte sich seine Sichtweise auf die Beurteilung. Er erinnerte sich an das damalige Gespräch und den Versuch des Direktors, ihm die Situation zu erklären. Rückblickend erkannte er aufgrund seiner gewonnenen Erfahrungen, dass daran viel Wahres war, auch wenn er jetzt noch nicht alles akzeptieren konnte. Das Gefühl, ungerecht behandelt worden zu sein, war dadurch nicht mehr spürbar. Er hatte nicht nur das Bedürfnis, dem Vorgesetzten zu verzeihen, sondern im Gegenteil ihn im Stillen zu bitten, ihm seinen langjährigen Groll nachzusehen. Zufälligerweise, so berichtete er mir weiter, ergab sich sogar bei einem Schulfest eine Gelegenheit, dieses Thema humorvoll anzusprechen. Der Reifungsprozess war notwendig, um zu einer ehrlichen Verzeihung zu kommen.

Viele Menschen, die entweder von einem starken Über-Ich oder einer engen religiösen Moral geprägt sind, haben die Vorstellung, dass sie verpflichtet sind, immer gut zu sein, und dazu gehört, immer bereit zu sein, zu verzeihen. Gerade dann erfordert es Mut, nicht zu verzeihen und diesen Schritt auch zu akzeptieren und sich nicht selbst dafür zu bestrafen. Die Erlaubnis, nicht sofort verzeihen zu müssen, öffnet oft die Tür für echte Gefühle und eine wahrhaftige Auseinandersetzung mit sich selbst.

Manchmal kann die Schuld wirklich nur von einer höheren Ebene vergeben werden, weil wir selbst uns nicht verzeihen können. Das trifft vor allem dann zu, wenn die Schuld nicht wiedergutgemacht werden kann und so tiefgreifend ist, dass man sich selbst nicht vergeben kann.

Zusammenfassung

Sich selbst verzeihen gelingt, wenn wir

- grundsätzlich akzeptieren, dass wir als Menschen nicht fehlerlos sein können;
- Verständnis für uns selbst und die Situation entwickeln und erkennen, warum wir so und nicht anders gehandelt haben;
- auch in schwierigen Phasen unsere positiven Seiten sehen können.

Sich selbst verzeihen schenkt uns

- seelische und körperliche Gesundheit;
- die Freisetzung von blockierten Energien, die wir brauchen, um ungelebtes Potenzial zu leben;
- die Fähigkeit, andere um Verzeihung zu bitten oder anderen zu verzeihen;
- die Freiheit, uns zu verzeihen, wenn Verzeihung nicht gelingt.

Verzeihung erlangen

Viele Menschen kennen das Gefühl, ein unangenehmes Gespräch oder Telefonat vor sich zu haben, bei dem man jemanden um Verzeihung bitten oder zumindest sein eigenes Verhalten erklären müsste/sollte. Man weiß, dass man den anderen verletzt hat, findet aber viele Gründe, warum man selbst richtig gehandelt hat. Zum Beispiel fallen einem plötzlich Situationen ein, in denen der andere einen selbst ebenfalls gekränkt oder sich falsch verhalten hat. Man schiebt solche notwendigen Gespräche möglichst auf. Da es für alles den richtigen Moment gibt, kann das Verschieben bedeuten, einen wichtigen Augenblick zu verpassen, in dem der andere Mensch offen für ein Gespräch wäre. Manchmal leiden Menschen jahrelang oder gar jahrzehntelang darunter, eine solche Klärung verschoben zu haben.

Während einer psychotherapeutischen Sitzung tauchte bei einer Frau ein mehr als 30 Jahre zurückliegendes Ereignis auf. Sie hatte mutwillig die Puppe ihrer Freundin kaputt gemacht, weil diese sie »verraten« und sich einem Nachbarmädchen zugewandt hatte. Plötzlich war alles ganz plastisch wieder da: die Puppe und die weinende Freundin, das schlechte Gewissen und die Erkenntnis, dass sie die Puppe nicht wieder heil machen konnte. Das Mädchen stammte aus einer armen Familie, und die aufwendige Reparatur der Puppe kam nicht in Frage. Im Gespräch versuchte meine Klientin sich zu erinnern, wie es weitergegangen war. Ihre Eltern und die der Freundin hatten sich über diesen Vorfall so zerstritten, dass sie lange nicht mehr miteinander sprachen. Sie selbst hoffte auf den erlösenden Satz, dass doch alles nicht so schlimm sei und alles so wie früher werden könnte. Aber dieser Satz fiel nie, die Zeit verging, sie wechselte ins Gymnasium und vergaß die Freundin und die Puppe. In der Rückschau erinnerte sie sich, dass viele ihrer Beziehungen irgendwie so endeten: ohne ein wirklich klärendes Wort, ohne eine Geste der Versöhnung.

In den folgenden Wochen begann sie, ein »Verzeihens-Tagebuch« zu führen. Sie schrieb all die Menschen auf, die sie um Verzeihung bitten wollte. Dabei seien ihr, wie sie selbst sagte, täglich Steine vom Herzen gefallen. Sie entdeckte, wie liebevoll sie plötzlich an manche Menschen denken konnte, deren Existenz sie vermutlich aus schlechtem Gewissen verdrängt hatte. Einigen schrieb sie tatsächlich einen Brief oder rief sie an. Die Reaktionen waren erstaunlich unterschiedlich. Manche Menschen konnten sich an die vermeintliche Verletzung nicht erinnern und waren deshalb schnell bereit, ihr das zu verzeihen, was sie selbst längst vergessen hatten. Andere zögerten, sagten, sie brauchten Zeit, sie hätten eigentlich nicht mehr damit gerechnet, noch mal von ihr zu hören. Sie rief ihre Schwägerin an und bat sie um ein Gespräch, in dem sie lange über ihre schwierige Beziehung sprachen. Am Ende verziehen sie einander, dass jede die andere nicht wirklich akzeptiert und ernst genommen hatte. Im Gefolge dieser Verzeihensprozesse lösten sich die depressive Verstimmung und die Unlust zu leben, wegen der sie eigentlich zu mir gekommen war, fast völlig auf. Sie empfand sich freier, spontaner und vor allem hatte sie wieder Zugang zu ihren Gefühlen – und das alles hatte das Bild der zerstörten Puppe ausgelöst.

Wenn wir uns wünschen, dass ein anderer Mensch uns verzeiht, brauchen wir manchmal einen langen Atem. Nur weil wir es uns wünschen, ist der andere oft noch nicht bereit dazu. Vielleicht ist seine Kränkung zu tief, als dass man sie so einfach auflösen kann. Vielleicht braucht der andere viele Beweise, dass wir es ernst meinen und wieder eine Beziehung aufbauen möchten, in die er aufs Neue sein Vertrauen setzen kann. Am leichtesten fällt es uns zu verstehen und zu akzeptieren, wenn wir uns daran erinnern, dass es uns auch selbst manchmal schwerfällt, einem anderen zu verzeihen.

Übung: Verzeihens-Tagebuch

Legen Sie ein Verzeihens-Tagebuch an, wenn Sie spüren, dass dieses Thema in Ihrem Leben gerade jetzt von besonderer Bedeutung ist. Es könnte eine Krankheit sein, die es zu überwinden gilt, oder eine Trennung oder der Verlust eines geliebten Menschen, den es zu bewältigen gilt. In einer inneren Rückschau können Sie zum Beispiel mit dieser Übung beleuchten,

- wie oft Sie gegen Ihr Gefühl gehandelt und damit sich selbst verraten haben;
- wie oft Sie nicht der inneren Stimme gefolgt sind, weil der andere Weg scheinbar bequemer oder zumindest für andere akzeptabler war;
- wie oft Sie aus Angst vor Strafe oder vor Ablehnung Kompromisse eingegangen sind und damit Ihren inneren Weg verlassen haben;
- wie nachlässig Sie manchmal mit Ihrer Lebensenergie, Ihrem Körper, dem Geschenk Ihrer Gesundheit umgegangen sind.

All das gilt es sich anzuschauen, zu bereuen und sich selbst zu verzeihen. Diese inneren und/oder äußeren Aufzeichnungen sollen dazu dienen, Ihnen bewusst zu machen, wie oft Sie gegen Ihr inneres Gefühl gehandelt haben und handeln, wie Sie mit Ihrem Körper, Ihrer Gesundheit umgegangen sind, wie oft Sie aus Angst vor Strafe oder aus Angst vor dem Alleinsein gegen Ihre Intuition Kompromisse eingegangen sind.

Erst im zweiten Schritt sollten Sie rückblickend beleuchten, was Sie in Bezug auf andere Menschen falsch gemacht haben, wo Sie der Entschuldigung und der Verzeihung bedürfen.

- Für den *ersten Schritt* sollten Sie sich einen halben Tag Zeit nehmen. Gehen Sie spazieren, schwimmen oder machen Sie ausgiebig Yoga.
- Setzen Sie sich dann an einen gemütlichen ruhigen Platz, entspannen Sie sich, vertiefen und verlangsamen Sie den Atem und versuchen Sie, die Atemzüge ohne Pause miteinander zu verbinden. So beruhigen sich nach und nach Ihr Körper und auch Ihre Gefühle.
- Lassen Sie jetzt Ihre Gedanken in die Vergangenheit – so weit wie möglich – zurückschweifen.
- Lassen Sie Situationen auftauchen, in denen Sie nicht Ihrer inneren Überzeugung gefolgt sind, dem Druck anderer nachgegeben haben, sich selbst körperlich oder seelisch verletzt haben. Haben Sie Geduld, auch wenn minutenlang nichts geschieht. Stellen Sie sich einen Suchscheinwerfer vor, den Sie in das Dunkel Ihres Unbewussten richten und der zielsicher solche Situationen erleuchtet, die jetzt angeschaut werden möchten.
- Sie können auch zwischendurch die Augen öffnen, sich kurz etwas notieren und dann mit der Übung fortfahren.

- Am Ende bitten Sie Ihr höheres Selbst, Ihre innere Führung oder die innewohnende göttliche Kraft um Verzeihung dafür, dass Sie sich von Ihrer eigenen Quelle abgewandt haben.
- An einem der folgenden Tage nehmen Sie sich den *zweiten Schritt* vor, indem Sie Situationen auftauchen lassen, die zeigen, dass Sie jemand anderen unter Druck gesetzt, beeinflusst und auf Ihren eigenen Weg gedrängt haben. Wieder wird Ihr Suchscheinwerfer Situationen suchen, in denen Sie andere gekränkt und beleidigt haben.
- Am Ende bitten Sie diese Personen zunächst im Inneren um Verzeihung und fragen sich, welche äußeren Schritte unter Umständen notwendig sind, um sie um Verzeihung zu bitten.
- Im *dritten Schritt* lassen Sie Situationen auftauchen, in denen andere Sie gekränkt, nicht wertgeschätzt oder nicht geachtet haben. Lassen Sie Ihren Suchscheinwerfer die Situationen finden, die noch nicht wirklich verarbeitet sind und in Ihrem Inneren wie Gift wirken, das Ihre Lebensquelle belastet.
- Verzeihen Sie in einem anschließenden kleinen Ritual diesen Menschen oder finden Sie zumindest heraus, ob irgendwelche Schritte notwendig sind, damit Sie ihnen verzeihen können.

Auf die Frage, warum es ihm so schwerfallen würde, seine Frau um Verzeihung zu bitten, antwortete ein Mann spontan: »Weil ich mich dann ihr in die Hand gebe, sie kann entscheiden, ob sie mir verzeiht oder nicht. Wie ich sie kenne, lässt sie mich wieder ›zappeln‹. Sie wird sagen, dass sie sich das Verzeihen erst überlegen muss. Dieses

Gefühl, dass jemand anderer Macht über mich hat, indem er mich zum Beispiel im Ungewissen über seine Entscheidung lässt, kann ich schwer ertragen.« In weiteren Gesprächen fanden wir heraus, dass er dieses Muster schon aus seiner Kindheit kannte. Als er in der Lage war, mit seiner Frau darüber zu sprechen, zeigte sie sich offener als erwartet. Auch sie hatte ein altes Muster immer weiter angewendet, ohne sich dessen bewusst zu sein, was sie damit beim anderen auslöste.

Trotzdem bleibt die Tatsache, dass wir – wenn wir jemanden um Verzeihung bitten – nicht die Kontrolle über die Situation behalten können. In gewisser Weise sind wir machtlos, weil wir nicht wissen, ob der andere uns Verzeihung gewährt. Dabei realisieren wir selten, dass das nicht Ausgesprochene, das nicht Verziehene noch viel mehr mit Macht- und Ohnmachtgefühlen verbunden ist. Auf der unbewussten Ebene bleibt der Konflikt im Bewusstsein beider Beteiligter und wirkt blockierend auf unser jetziges Verhalten. Die Erkenntnis dieser Ohnmacht, die wir vorher verdrängt haben und die jetzt schmerzhaft ins Bewusstsein kommt, ist allerdings notwendig, kann genau diesen Mut stärken, sich mit der Situation zu konfrontieren. Je leichter es uns fällt, eigenes Versagen und eigene Schuld einzugestehen und um Verzeihung zu bitten, umso konfliktfähiger werden wir.

Wenn wir uns nicht vorstellen können, dass unsere Partner und Freunde uns auch einmal verzeihen, wenn wir in Streit geraten, wenn wir etwas Falsches sagen oder tun, werden wir jedem Konflikt aus dem Weg gehen. Wir werden vielleicht sogar lieber unehrlich sein, als zu riskieren, dass ein anderer uns böse ist, weil wir ja nicht glauben, dass uns verziehen wird.

Ich bin in meiner mehr als 25-jährigen Praxistätigkeit unzähligen Menschen begegnet, die eine riesige Angst hatten, zu dem zu stehen, was ihnen wichtig ist und was sie wirklich tun möchten. Die Unwahrheit zu sagen ist immer eine Möglichkeit, den Unmut anderer nicht auf sich zu ziehen. Das wiederum führt allerdings bei anderen Menschen zu Enttäuschung, Unmut und Ärger, die wiederum bei den Verursachern oft auf Trotz und Widerstand stoßen – ein ewiger Kreislauf. Man will doch einfach nur den eigenen Weg gehen und hat sich nicht getraut, dem anderen die Wahrheit zu sagen. In diesem Fall ist es hilfreich, zwar um Verzeihung zu bitten und auch zu gestehen, dass man gelogen hat, ihm aber gleichzeitig die Hintergründe zu erklären. So kann der andere oft leichter verstehen und verzeihen.

Zusammenfassung

Verzeihung erlangen gelingt,

- wenn wir grundsätzlich akzeptieren, dass wir der Verzeihung bedürfen;
- wenn wir bereuen und den Vorsatz fassen, dass das Vorgefallene nicht wieder geschieht;
- wenn wir den Mut haben, um Verzeihung zu bitten;
- wenn wir nicht erwarten, dass andere sofort auf unsere Bitte eingehen;
- wenn wir darauf vertrauen, dass uns auch verziehen wird, wenn der betreffende Mensch nicht mehr am Leben ist;
- in manchen Fällen nur dann, wenn uns Gott oder eine höhere Macht verzeihen kann.

Anderen verzeihen

Vor einigen Jahren wurde meine Bereitschaft, jemandem zu verzeihen, der mir Unrecht getan hatte, gleich mehrmals auf die Probe gestellt. Einen Vorfall habe ich noch sehr genau in Erinnerung:

Nach meinem jährlichen Jahresabschlussseminar war ich zusammen mit einigen Kursteilnehmern froh gelaunt in ein Café gegangen, um drei recht anstrengende Tage abzuschließen. Ich war in meinen Gedanken immer noch bei den Erfahrungen und Begegnungen dieses Seminars und ließ meine Handtasche auf der Bank liegen, als wir das Lokal verließen. Recht schnell merkte ich diesen Verlust und rief im Lokal an. Ich war mir sicher, dass die Bedienung, die schon während unseres Aufbruchs an den Tisch gekommen war, um ihn abzuräumen, die Tasche verwahrt hatte. Aber leider war dem nicht so. Erst als der Schock etwas nachließ, realisierte ich, was mit der Tasche alles verloren war: alle meine Papiere, Führerschein, Personalausweis, Scheckkarten, Adressen, mein Handy, mein Geld und – das war für mich fast am schlimmsten – ein Diktiergerät, das viele Seiten meines neuen Buches enthielt. Eigenartigerweise war der Verlust nicht so schlimm wie das Gefühl, von jemandem so betrogen und bestohlen worden zu sein. Ich konnte es mir einfach nicht vorstellen, dass man nicht wenigstens Papiere und Diktiergerät zurückgeben würde.

Tagelang konnte ich an nichts anderes denken, und mein Groll wuchs, je mehr ich realisierte, was noch alles in der Tasche gewesen war. Aber die Tasche und ihr Inhalt blieben verschwunden.

Die Reaktionen meiner Umwelt waren sehr unterschiedlich. Eine ist mir noch besonders gut in Erinnerung. Es war eine Bekannte, die auf meine Schilderung hin sofort antwortete, ich solle mir überlegen, was ich loslassen müsse im Leben. Sie sah die gestohlene Tasche als Symbol für etwas anderes im Leben, was ich loslassen sollte. Obwohl ich prinzipiell die Auffassung teile, dass alles, was geschieht, auch etwas mit einem selbst zu tun hat, fand ich diese Erklärung in dem Moment alles andere als hilfreich. Ich wollte einfach verstanden werden in meinem Schmerz über diesen Verlust. Nachdem der Schock noch so frisch war, hätte ich mir ein wenig mehr Mitgefühl erhofft. Natürlich wusste ich auch, dass es Schlimmeres gibt im Leben und dass es mein Verschulden war, weil ich nicht aufgepasst hatte. Eine Freundin umarmte mich spontan und sagte einfach: »Ich kann dich verstehen.«

Dieser eine Satz half mir mehr, die Situation anzunehmen, als die Belehrung, dass ich etwas loszulassen hätte. Nachdem ich meine Kränkung und meinen Ärger zugelassen hatte, ohne dass gleich ein Über-Ich meditative Gelassenheit von mir verlangte, konnte ich nachdenken, warum das passiert war. Wie im Film sah ich mich erneut in dem Café mit den Gedanken noch bei den letzten Stunden des Seminars und ganz und gar nicht im Hier und Jetzt. Und ich erinnerte mich deutlich, dass ich im Grunde lieber allein sein wollte, um die Eindrücke zu verarbeiten, die anderen aber mit meiner Ablehnung nicht kränken wollte.

Der nächste Schritt war dann, mir selbst zu verzeihen, dass ich wieder einmal nicht danach gehandelt hatte, was ich in mir spürte, und auch, dass ich so gedankenlos mit mir wichtigen Dingen umgegangen war. Erst dann beschäftigte ich mich mit der Täterin oder dem Täter, was ziemlich wechselnde Gefühle hervorrief. In einem Moment dachte ich, dass die Person vielleicht wirklich dringend Geld gebraucht hatte, im anderen Moment war ich total wütend. Dann wieder wurde mir bewusst, dass wir wirklich alle miteinander verbunden sind – Opfer und Täter – und auch alle irgendetwas miteinander zu tun haben. Ich dachte nach, wo ich einem anderen Menschen unrecht getan hatte, in einem kleineren Umfang als der Verlust der Tasche für mich, aber doch unrecht.

Ich machte mir viele Gedanken darüber, was in jemandem vorgeht, wenn er die persönlichen Papiere eines anderen Menschen besitzt. Der Polizist, der den Fall bearbeitete, eröffnete mir beiläufig, dass es der Täter wohl genau auf diese Papiere abgesehen hätte. Jetzt kam zum Ärger auch noch ein ungutes Gefühl, wenn ich daran dachte, dass jemand irgendwo mit meinem Personalausweis herumlief. Dann gab es wieder einen Tag, wo ich dem Ganzen keine so große Bedeutung beimaß und mir natürlich bewusst wurde, dass nichts wirklich Schlimmes passiert war. Trotzdem bin ich froh, dass ich mir damals die Zeit nahm, mich mit dem Vorfall zu beschäftigen, am Ende mit der Situation versöhnt war und dem neuen Besitzer verzieh, auch wenn ich es nicht gutheißen konnte, sich so am Eigentum anderer zu bereichern.

So habe ich in meinem eigenen Leben immer wieder erfahren, dass man manches erst versteht, wenn man es selbst erlebt. Eigene Erfahrung erleichtert das Verzeihen. Wenn man die andere Seite, also die Täterseite, kennenlernt, fällt man nicht mehr so leicht zurück in die Opferhaltung, in der man sich so gedemütigt und verletzt gefühlt hat. »Wer nicht hören will, muss fühlen« empfinde ich deshalb heute nicht mehr als Drohung, sondern als die Chance, eine wichtige Erfahrung zu machen. Fühlen lässt Mitgefühl entstehen, und Mitgefühl erleichtert das Verzeihen.

Das Verzeihensmärchen

Bei einem Mann, der seiner Lebensgefährtin nicht verzeihen konnte, dass beziehungsweise auf welche Weise sie ihn verlassen hatte, führte ein selbsterdachtes Märchen zu einer entscheidenden Einsicht. So konnte er schließlich verzeihen und sich wieder für positive Gefühle öffnen.

Am Ende einer Therapiestunde hatte ich ihm vorgeschlagen, ein Märchen zu schreiben. Wie alle Märchen sollte es mit »Es war einmal ...« beginnen, in diesem Fall also mit »Es war einmal ein junger Mann ...«. Nach einigen Wochen schickte er mir das Märchen, das kreativ, interessant und berührend seine eigene Geschichte erzählte. Alle Menschen, die ihn in letzter Zeit in seinem Prozess begleitet hatten, kamen als hilfreiche Tiere vor, seine Freundin als Prinzessin, die zunächst verzaubert und in ein entferntes Schloss verbannt wurde. Um sie zu finden, musste er viele Wege und Irrwege gehen und viele Gefahren bestehen. Als er sie schließlich fand, stellte er fest, dass sie selbst die Zauberin war, nicht mehr seine geliebte Prinzessin, sondern eine alte Zauberin, die sich ihm nur einige Zeit als junge Frau gezeigt hatte. So hatte er sie am Ende gefunden und doch verloren. Die berührenden Worte, die er für diese Erfahrung fand, zeigten mir, dass sich in seinem Bewusstsein etwas verändert hatte.

Beim nächsten Besuch erzählte er mir, dass ihm am Ende des Märchens klargeworden war, wie schwer es seine Freundin mit ihm gehabt hatte, weil er jahrelang all ihre Vorschläge abgelehnt hatte, etwas für die gemeinsame Beziehung zu tun. Erst nach der Trennung – aus der Verzweiflung und seelischen Not heraus – hatte er sich mit sich selbst beschäftigt, seine alten Verletzungen, seinen Ärger und seine negativen Gedankenmuster in der Therapie bearbeitet. Während er das Märchen ganz aus der Intuition heraus geschrieben hatte, war ihm bewusst geworden, wie sehr er sich in diesen zwei Jahren nach der Trennung entwickelt hatte. Und wie von selbst – so beschrieb er es – waren die Gefühle der Frustration und des Ärgers weniger geworden. Er konnte nun auch wieder an die schönen Dinge denken, die sie miteinander verbunden hatten. Schließlich hatte er auch das Gefühl, innerlich wirklich loslassen zu können. Am Ende meinte er lächelnd: »Jetzt bin ich sogar dankbar, dass ich einer Prinzessin begegnet bin, auch wenn sie sich als Zauberin entpuppte.«

Wenn Sie sich selbst als phantasievollen Menschen empfinden, werden Sie aus der nachfolgend beschriebenen Übung großen Vorteil ziehen. Sie werden auf diese Weise Aufschluss bekommen über Hintergründe und Motive der Situation und der Menschen, die mit Ihrem Thema Verzeihen zu tun haben. Es werden sich überraschende Lösungsmöglichkeiten zeigen, wie das Verzeihen gelingt. Vertrauen Sie der Intuition, die durch Ihr eigenes Märchen zu Ihnen spricht.

Übung: Ein Verzeihensmärchen schreiben

- Nehmen Sie sich anfangs mindestens eine Stunde Zeit, um sich die Figuren vorzustellen, mit denen Ihr Märchen beginnen soll, die Menschen also, denen Sie etwas zu verzeihen haben oder von denen Sie sich Verzeihung wünschen. Im Verlauf der Geschichte werden sicher weitere Personen, Tiere oder Geistwesen hinzukommen.

- Beschriften Sie die erste Seite eines neuen Heftes oder Tagebuches mit: Es war einmal eine Frau, ein Mann, ein Prinz, ein König ...
- Lassen Sie sich von Ihrer Phantasie treiben, schreiben Sie alles auf, was Ihnen in den Sinn kommt. Wenn Ihnen nichts mehr einfällt, legen Sie das Heft zur Seite und schreiben an einem anderen Tag weiter. Sie werden erstaunt sein, wie die Geschichte von selbst wächst und vielleicht ganz unerwartete Wendungen nimmt. Vielleicht taucht das Thema Verzeihen in Ihrem Märchen direkt auf, vielleicht auch nur in versteckter Form.
- Wenn Sie Ihr Märchen zum Abschluss gebracht haben, lesen Sie es ein paarmal durch. Lassen Sie sich von Ihrer Intuition leiten, um die Botschaft der Geschichte zu verstehen.
- Schreiben Sie am Ende Ihre Einsichten auf und bringen Sie sie in Beziehung zu der aktuellen Situation. Betrachten Sie die Geschichte unter dem Gesichtspunkt, was sie Ihnen über die Person(en) sagt, denen Sie verzeihen sollten oder von denen Sie sich Verzeihung wünschen.

Der Dalai-Lama nennt Mitgefühl und Verzeihen »weise Selbstsüchtigkeit«. »Buddhas und Bodhisattvas«, so sagt er, »streben ein Leben lang nach dem höchsten Glück. Sie tun das, indem sie Mitgefühl und Nächstenliebe entwickeln. Wenn sie sich um andere sorgen, erleben sie selbst größtmögliches Glück.«

Manchmal sind es gar nicht die anderen, denen ich verzeihen muss, sondern das Schicksal. Die anderen stehen nur stellvertretend für die enttäuschten Wünsche und Hoffnungen des Lebens. Dann geht es darum, dem Leben oder dem lieben Gott zu verzeihen, dass mein Leben so und nicht anders ist.

Ich habe die Erfahrung gemacht, dass die Bereitschaft, das Schicksal anzunehmen, unverhoffte Geschenke mit sich bringt. Es ist so, als würde man dem Leben wieder die Tür öffnen, und plötzlich schneit ein neuer Mensch, ein neuer Auftrag, eine neue Wohnung herein. Denn auch hier gilt, dass Verzeihung frei macht von negativen Bindungen an alte Denkmuster und Überzeugungen, die uns immer wieder das erleben lassen, was wir schon kennen. Wenn wir es schaffen, Dankbarkeit für das zu empfinden, was uns begegnet, und dem Schicksal oder Gott das zu vergeben, was es/er uns vorenthält, werden wir uns mehr Möglichkeiten erschließen als zuvor.

Zusammenfassung

Anderen zu verzeihen gelingt

- leichter, wenn wir uns mit den Hintergründen auseinandersetzen und die Situation verstehen; dabei kann es förderlich sein, sich in die Rolle des anderen zu versetzen;
- wenn wir uns aus der Opferrolle lösen;
- wenn wir Mut zeigen, es stärkt unser Selbstbewusstsein;
- indem es unser Mitgefühl und unsere Liebesfähigkeit erhöht, es macht größer und weiter;
- indem wir uns aus unbewussten Verstrickungen befreien und so die Wahl haben, ob wir beispielsweise eine Beziehung fortsetzen oder in Frieden auseinandergehen möchten.

- indem wir keine zu hohen Erwartungen damit verbinden und uns ins Bewusstsein rufen, dass der andere – genau wie wir – immer wieder »rückfällig« werden kann, dass es also keine hundertprozentige Sicherheit gibt;
- und ist in erster Linie ein Geschenk an uns selbst.

Fehlende Vergebung akzeptieren

Sich selbst oder einem anderen zu verzeihen können wir mit Hilfe entsprechender Rituale allein. Und das kann auch schon das Ende des Verzeihensprozesses sein, zum Beispiel weil der andere kein Interesse an unserer Verzeihung zeigt. Das Gleiche gilt, wenn der Mensch, um den es geht, nicht mehr erreichbar ist oder wenn es einem selbst unmöglich erscheint, sich mit ihm zu konfrontieren.

In meiner Praxis höre ich öfter ähnliche Geschichten von Menschen, die zwar glaubhaft versichern, einem anderen verziehen zu haben und ihm nichts mehr nachzutragen, sich aber möglichst keinen Kontakt mehr wünschen. Dafür nennen sie Gründe wie:

- die Angst, zu erkennen, doch nicht wirklich verziehen zu haben, und erneut in Ärger oder Trauer zu verfallen,
- die Angst, dass die Erinnerung an den erlittenen Schmerz wieder übermächtig wird,
- die Angst, nach kurzer Zeit in die alten Muster zurückzufallen, sich unterlegen und ohnmächtig zu fühlen,
- die Angst, dass der andere Mensch die Situation nicht versteht und man sich letztlich lächerlich macht.

Auf den anderen zuzugehen setzt demnach voraus, dass wir uns selbst stark genug fühlen. Nur dann können wir bewusst einkalkulieren, dass alles anders verlaufen kann, als wir erwarten. So können wir auch eine Ablehnung des anderen verkraften und dennoch nicht in das alte Muster von Groll und Ärger zurückfallen. Um diese innere Stärke zu entwickeln, müssen wir besonders gut für uns sorgen. Wir sollten uns Zeit nehmen, um ehrlich zu spüren, was wir uns zumuten möchten. Vielleicht möchten wir mit einem Brief beginnen, in dem wir die eigenen Gefühle und die damit verbundenen Befürchtungen mitteilen. Es kann sein, dass der Brief nicht abgeschickt wird, sondern nur dazu dient, sich der eigenen Ängste und Befürchtungen bewusst zu werden. Bei einem persönlichen Gespräch sollten wir vor allem von der eigenen Erfahrung sprechen und nicht gleich die perfekte Interpretation der Situation mitliefern, denn dies birgt die Gefahr, dass sich unser Gegenüber angegriffen fühlt und sofort einen Gegenangriff startet. Im Gespräch ist es wichtig, dem anderen genauso aufmerksam zuzuhören, wie man es sich selbst wünscht, anstatt schon auf eine Erwiderung zu sinnen, während der andere noch spricht.

Ein wichtiger nächster Schritt ist die Bitte um Entschuldigung, die manchmal nur schwer auszusprechen ist, gestehen wir doch mit dieser Bitte hörbar ein, dass wir bewusst oder unbewusst eine moralische Verfehlung begangen, eine Schuld auf uns geladen haben. Damit geben wir uns ein Stück weit dem anderen in die Hand, denn nur er kann dieser Bitte nachkommen. Auch wenn sich im heutigen Sprachgebrauch »Ich entschuldige mich« eingebürgert hat, kann ich es nicht selbst tun, der andere kann die Erfüllung der Bitte verweigern. Vielleicht müssen wir erst Reue zeigen oder eine Wiedergutmachung anbieten, oder vielleicht braucht der andere Zeit, um wieder Vertrauen zu fassen. Wir müssen damit rechnen, dass wir keine bedingungslose Verzeihung bekommen, sondern dass etwas von uns gefordert wird, was wir nicht so gerne erfüllen. Wir sollten uns keinesfalls entmutigen lassen, wenn der Schritt auf den anderen zu nicht gleich Früchte trägt, und die Ungewissheit und das möglicherweise damit verbundene Gefühl der Ohnmacht akzeptieren. Für die Annahme der Bitte um Entschuldigung spielt auch die Schwere der Schuld eine entscheidende Rolle. Dies kann allerdings subjektiv anders empfunden werden: Was für den einen fast eine Lappalie ist, kann für den anderen eine tiefe Kränkung darstellen – ganz abgesehen von wirklich schwerer Schuld wie Raub, Mord und Vergewaltigung. Hier stellt die Bitte um Entschuldigung den Betroffenen vor eine schwere Entscheidung, die nur jeder für sich treffen kann. Selbst wenn wir von der Notwendigkeit der Verzeihung und ihren vielen guten Auswirkungen überzeugt sind, sollten wir keinen moralischen Druck auf andere Menschen ausüben, die zum Verzeihen nicht oder noch nicht bereit sind.

Überwinden wir selbst die Angst oder den Stolz, die uns an der Bitte um Verzeihung hindern, erleben wir oft das Gegenteil dessen, was wir befürchtet haben, und fühlen uns unendlich befreit, wenn die Entschuldigung angenommen und in symbolischer Form eines Händedrucks oder einer Umarmung besiegelt wird. Aber auch wenn das nicht geschieht, kann es sehr erleichternd und befreiend sein, diesen Schritt getan zu haben.

Wenn wir selbst von einem anderen Menschen um Verzeihung gebeten werden, gilt Ähnliches wie vorher beschrieben. Wir sollten uns klar darüber werden, was wir uns vom anderen wünschen: vielleicht mehr Wertschätzung, eine Geste der Wiedergutmachung, mehr Zeit für

Gespräche usw. Geht der andere Mensch darauf gar nicht ein, kann das bedeuten, dass wir – wenn wir ehrlich zu uns selbst sind – der Bitte des anderen nicht entsprechen. Das heißt nicht, dass es nie möglich sein wird, aber vielleicht braucht es einfach noch Zeit, um alte Muster zu überprüfen und die Situation neu einschätzen zu können.

Eine Frau feiert ihren vierzigsten Geburtstag – und obwohl eine gute Freundin zugesagt hat, mitzufeiern, erscheint sie nicht. Bei einem Telefongespräch am nächsten Tag sagt die gute Freundin fast nebenbei: »Ach entschuldige, dass ich nicht mitgefeiert habe, bei mir ist etwas ganz Wichtiges dazwischengekommen ...«
Wenn das »versetzte« Geburtstagskind nun aber keine Entschuldigung erteilen kann, weil das Nichterscheinen der Freundin als verletzend empfunden wurde und sogar dazu geführt hat, dass sich die Frau Gedanken darüber macht, welchen Stellenwert diese Freundschaft eigentlich hat, und wenn nun auch noch die Freundin, die nicht mitfeierte, völlig verständnislos reagiert und das Nichtannehmen der Entschuldigung als Überreaktion empfindet, wird das Verzeihen zu diesem Zeitpunkt kaum möglich sein. Vielleicht kommt aber nun ein Prozess in Gang, bei dem beide Frauen sich über ihre Freundschaft klarer werden. So kann am Ende das Verzeihen stehen, das sicher wieder zu mehr Nähe führt, oder aber die Erkenntnis, dass die Freundschaft zumindest für eine der beiden an Wert verloren hat.

Sich und anderen die Chance zur Verzeihung zu geben, bringt in jedem Fall einen Gewinn:

- Die Angst vor Ablehnung oder Zurückweisung zu überwinden stärkt die eigene Persönlichkeit.

- Beziehungen können klarer wahrgenommen werden.
- Durch die Ehrlichkeit und Bereitschaft, die Wahrheit zu akzeptieren, kann Respekt gezeigt und erlebt werden.
- Manchmal sieht es so aus, als wäre Vergebung nicht möglich, und doch kommt ein Prozess in Gang, an dessen Ende eine Versöhnung steht.
- Auch wenn Vergebung nicht möglich ist, wird allein schon der Mut, sich diesem Thema zu stellen, meist als Befreiung erlebt.

Praktische Wege des Verzeihens

*Eine Unze Praxis ist besser
als eine Tonne Theorie.*

Sprichwort

In den vorhergehenden Kapiteln wurden die Voraussetzungen und die einzelnen Schritte des Verzeihens beschrieben, und ich habe Ihnen auch schon einige Übungen vorgestellt. In den folgenden Kapiteln möchte ich Sie mit verschiedenen weiteren Übungen vertraut machen, die ich als »Rituale des Verzeihens« bezeichne. Rituale, die von jeher menschliche Verzeihensprozesse begleitet haben, helfen uns auch in schwierigsten Lebenssituationen, Anschluss an unsere Kraft und an die innere Führung zu erhalten. Die Übungen in diesem Buch haben sich in meiner langjährigen Therapiepraxis und bei meinen Seminaren bewährt.

Yoga

Die mehr als 3000 Jahre alte Yoga-Lehre bietet in vielfältiger Weise Möglichkeiten an, die uns im Verzeihensprozess unterstützen können:
In erster Linie sind es die Körperübungen (Asanas), die Stabilität, Kraft, Ausdauer, Mut, Entschlossenheit und Vertrauen in die Weisheit des eigenen Körpers und damit des eigenen Lebens vermitteln. Mit ihrer Hilfe können wir uns immer wieder »erden« und zentrieren. Das ist besonders wichtig, wenn es um länger dauernde Konflikte geht, bei denen die eigene Standfestigkeit gefragt ist. Von

gymnastischen Übungen unterscheiden sich die Asanas dadurch, dass sie mit Konzentration und Atemlenkung ausgeführt werden. Sie werden damit zu einer Erfahrung von Verbundenheit von Körper, Gefühlen und Gedanken. Genau das sagt der Begriff »Yoga« aus. Abgeleitet von einem Joch, das zwei Tiere miteinander und mit einem Wagen verbindet, bedeutet es die Verbindung von Körper, Seele und Geist. Genau diese Verbindung ist notwendig, wenn Verzeihung gelingen soll. Sie muss auf allen drei Ebenen erfolgen: auf der körperlichen, der emotionalen und der mentalen.

Sehr wichtig auf dem Yoga-Weg ist die Lenkung des Atems, der wiederum stark auf unsere Gefühle einwirkt. Jede emotionale Veränderung führt zu einer Veränderung des Atems, wir atmen stets anders, wenn wir aufgeregt oder wütend, traurig, deprimiert oder ängstlich sind.

Mit Hilfe der yogischen Atemübungen können wir auf unsere Gefühle einwirken und sie harmonisieren, wir können unseren Ärger in Gelassenheit wandeln, die Trauer in Vertrauen usw. Der Umgang mit den Gefühlen nimmt in den Yoga-Schriften, die ein Gelehrter namens Patanjali etwa vor 2000 Jahren aufgeschrieben hat, einen sehr wichtigen Raum ein. Um nicht zum Spielball unserer Gefühle zu werden, dürfen wir uns nicht mit diesem »Gefühlskörper«, wie es im Yoga heißt, identifizieren. Eine entsprechende Anleitung dazu wäre, sich nur auf ein einziges positives Gefühl zu konzentrieren, bis wir wieder in Harmonie sind. So können uns Schuldgefühle beispielsweise fast den Atem nehmen, uns fast erdrücken und lähmen. Wenn wir uns mit einer Situation konfrontieren wollen, müssen wir zuerst den Atem befreien, indem wir ihn vielleicht vertiefen. Ganz natürliche Atemübungen sind in diesem Zusammenhang das Seufzen oder Stöhnen.

Für den Verzeihensprozess auf emotionaler Ebene ist es

deshalb sehr wichtig, uns dieser Möglichkeit bewusst zu sein.

Auf dem Yoga-Weg geht es weiter zu den Konzentrations- und Meditationsübungen, mit deren Hilfe wir ein Ziel klar erkennen und fokussieren können. Die Meditation vermittelt die tieferen Einsichten, die notwendig sind, um Mitgefühl und Verständnis zu entwickeln, Eigenschaften, die im Verzeihensprozess unverzichtbar sind.

Mit Hilfe der vielfältigen Yoga-Praktiken unterbrechen wir die kontinuierliche Kette von Gedanken und Gefühlen, die wir willentlich kaum aufhalten können. Gerade sie gehören zu den größten Widersachern der Verzeihung, indem sie immer wieder Bilder der kränkenden Situation heraufbeschwören, die zu inneren unfruchtbaren Zwiegesprächen mit der betreffenden Person führen. Je unruhiger die Gedanken, umso virulenter auch die Gefühle, in die wir uns immer mehr verstricken.

Das »Zur-Ruhe-Kommen« aller Aktivitäten« gilt als das erste Ziel des Yoga und bietet sich deshalb für diesen Prozess an. Nur so entsteht die notwendige innere Stille, um eine Situation mit Abstand betrachten und Erkenntnis gewinnen zu können. Bleiben wir verstrickt, so heißt es in den Yoga-Schriften, entfernen wir uns immer mehr von der Wahrheit und flüchten in unsere altbewährten Konzepte und Denkmuster.

Die nachfolgende Yoga-Atemübung eignet sich besonders gut, um Gedanken und Gefühle zur Ruhe zu bringen. Bleiben Sie mit Ihrer Aufmerksamkeit während der ganzen Übung beim Atem, nehmen Sie das ruhige Ein- und Ausatmen wahr, beobachten Sie dabei jede Veränderung des Atems.

Yoga-Atmung

- Setzen Sie sich aufrecht auf einen Stuhl oder nehmen Sie einen Meditationssitz ein.
- Legen Sie die Hände auf den Unterbauch, lassen Sie den Atem in den Bauch fließen. Nehmen Sie wahr, wie sich Ihr Bauch unter Ihren Händen leicht nach außen wölbt (dabei den Bauch nicht herausdrücken, das heißt nicht mit zu viel Willen einatmen).
- Mit dem Ausatmen ziehen Sie den Bauch ein wenig ein, halten diese Spannung einen Moment und lassen den Atem wieder einströmen.
- Nach etwa zehn Atemzügen lenken Sie Ihre Aufmerksamkeit auf die Brustkorbatmung.
- Legen Sie die Hände an die unteren Rippen, so dass die Finger nach vorne, die Daumen nach hinten zeigen. Nehmen Sie wahr, wie sich beim Einatmen Ihr Brustkorb nach allen Seiten hin weitet.
- Mit dem Ausatmen üben Sie leichten Druck auf den Brustkorb aus, so dass der Atem herausströmen kann. Nach einer kurzen Pause lassen Sie den Atem erneut einfließen. Nach mehrmaliger Wiederholung kommen Sie zur Schlüsselbeinatmung.
- Legen Sie dazu die Hände in die Halsgrübchen oberhalb des Schlüsselbeins.
- Nehmen Sie wahr, wie sich dieser obere Brustkorbbereich mit dem Einatmen hebt und beim Ausatmen wieder senkt. Nach einer kurzen Pause lassen Sie den Atem wieder einströmen.
- Wenn Sie die Atmung in den einzelnen Körperbereichen sehr gut spüren können, verbinden Sie Bauch-, Brustkorb- und Schlüsselbeinatmung miteinander. Zuerst

füllt sich der Bauch mit Atem, dann der Brustkorb und am Ende der obere Lungenspitzen- und Schlüsselbeinbereich.

- Halten Sie die Atemfülle einen Moment, bevor Sie langsam wieder ausatmen. Sie sollten dabei ebenfalls im Bauch beginnen. Wenn es Ihnen schwerfällt, atmen Sie von oben nach unten aus, wie Sie es gewöhnt sind.

In einer weiteren Yoga-Übung geht es darum, sich nicht mehr nur mit einzelnen Anteilen zu identifizieren, zum Beispiel mit Ärger, Verletzung oder Enttäuschung bzw. den Gefühlen im Allgemeinen. Gerade im Fall von Selbstvorwürfen und Schuldgefühlen erlebe ich immer wieder, wie Menschen davon gepeinigt werden, kaum mehr ihre positiven Seiten sehen zu können, und so alle Lebensfreude verlieren. Der Yoga-Weg lehrt uns, dass unser Gefühlskörper nur ein Körper ist, wir aber Verantwortung für das Ganze haben.

Yoga Nidra

Diese Yoga-Methode, die sich für das Verzeihen besonders eignet, beinhaltet:

- körperliche, emotionale und mentale Entspannung
- Energielenkung in die einzelnen Körperteile
- einen Vorsatz, eine positive Selbstprogrammierung (zum Beispiel »Ich verzeihe mir ...« – »Ich verzeihe [Name einer bestimmten Person] ...«)

Mit Hilfe von Yoga Nidra können Sie Veränderungen in Ihrem Leben erreichen, die Sie vielleicht gar nicht mehr für möglich gehalten hätten. Sie können alte Blockaden lösen, sich von Fremdbestimmung und Abhängigkeiten befreien und – verzeihen.

Yoga Nidra verbindet körperliche Entspannung mit vollkommener geistiger Wachheit und zielgerichteter Gedankenlenkung in optimaler Weise. Entweder vorher oder während der Übung wählen Sie ein sogenanntes Sankalpa. Das Sanskritwort bedeutet »Loslösung«, das heißt, mit dem von Ihnen gewählten Satz oder Wort lösen Sie sich von einem begrenzenden Muster, von einer Blockade, einer alten Verletzung, um frei zu werden. Dieses Sankalpa wird so lange beibehalten, bis Sie seine positive Wirkung spüren bzw. bis es sich erfüllt hat. Sollten Sie nach einiger Zeit (zum Beispiel nach mehreren Wochen) keine Erfahrung in dieser Art machen, überprüfen Sie die Wortwahl: Das Sankalpa sollte positiv formuliert sein und genau das beschreiben, was Sie zurzeit verwirklichen möchten. Wenn Sie zum Beispiel Verzeihung als Thema wählen, sollten Sie bereits innerlich die Entscheidung getroffen haben, dass Sie verzeihen oder um Verzeihung bitten möchten. Mit Hilfe des Sankalpa können Sie diesen Entschluss in die Tat umsetzen.

Yoga-Nidra-Übung

Nehmen Sie sich mindestens eine halbe Stunde Zeit. Finden Sie zuerst eine positive Formulierung, mit der Sie sich lösen können von der Verletzung, von Ärger und Groll, mit denen Sie sich oder anderen verzeihen möchten. Dieses Sankalpa (Loslösung) könnte lauten: »Ich verzeihe mir.

Ich verzeihe mir, dass ... Ich bin ganz im Reinen mit mir. Alles ist gut, ich habe das getan, was mir richtig erschien.« Schreiben Sie den Satz auf und wiederholen Sie ihn ein paarmal. Sie sollten ihn so lange beibehalten, bis sich die Situation gelöst hat.

- Legen Sie sich dann bequem auf den Boden. Sorgen Sie dafür, dass es warm genug ist, denn während der Tiefenentspannung kühlt der Körper leicht aus.
- Lenken Sie die Aufmerksamkeit ein paar Atemzüge lang bewusst auf Ihren Körper und nehmen Sie wahr, wie Sie auf der Unterlage liegen.
- Sprechen Sie in Ihrem Geist die einzelnen Körperteile an. Durch die verstärkte Aufmerksamkeit wird in diesem Teil Ihres Körpers der Energiefluss intensiviert und die Bewusstheit erhöht.
- Beginnen Sie mit dem rechten Daumen und sprechen Sie innerlich:
- Rechter Daumen, Zeigefinger, Mittelfinger, Ringfinger, kleiner Finger, Handfläche, Handrücken, Handgelenk – die ganze rechte Hand.
- Rechter Unterarm, Ellbogen, Oberarm, Schultergelenk, Schulter, Achselhöhle – der ganze rechte Arm, die rechte Schulter.
- Rechte Seite des Brustkorbs, Rippen, Taille, Hüfte, Hüftgelenk, Becken.
- Rechter Oberschenkel, Knie, Unterschenkel – das ganze rechte Bein.
- Rechtes Fußgelenk, Fußrücken, großer Zeh, zweiter Zeh, dritter Zeh, vierter Zeh, kleiner Zeh, Fußsohle – der ganze rechte Fuß.
- Die ganze rechte Seite – die ganze rechte Seite.

- Richten Sie die Aufmerksamkeit auf den linken Daumen und gehen Sie in Ihrer Vorstellung in gleicher Weise die ganze linke Körperseite durch.
- Richten Sie Ihre Aufmerksamkeit auf die Körperrückseite:
- Fersen, Rückseite der Unterschenkel, Kniekehlen, Oberschenkel, Gesäß.
- Unterer Rücken, oberer Rücken, Schulterblätter.
- Rückseite der Oberarme, Ellbogen, Unterarme, Hände.
- Nacken, Hinterkopf, Scheitel.
- Die ganze Körperrückseite – die ganze Körperrückseite.
- Richten Sie Ihre Aufmerksamkeit auf die Körpervorderseite:
- Stirn, Augenbrauen, Augen, Augenlider, Oberkiefer, Nase, Oberlippe, Unterlippe, Kinn – der ganze Kopf, das ganze Gesicht.
- Hals, Schulterbereich, Vorderseite der Oberarme, Ellbogen, Unterarme, Hände.
- Vorderseite des Brustkorbs, Oberbauch, Nabel, Unterbauch.
- Vorderseite der Oberschenkel, Knie, Unterschenkel, Füße.
- Die ganze Körpervorderseite – die ganze Körpervorderseite.
- Der ganze Körper – der ganze Körper.
- Wiederholen Sie dreimal Ihren gewählten Satz, Ihr Sankalpa. Stellen Sie sich vor, wie es nicht nur von Ihrem Geist, sondern auch von allen Körperzellen aufgenommen wird. Seien Sie sich bewusst, dass das Sankalpa bereits jetzt zu wirken beginnt.
- Werden Sie sich wieder Ihres Atems bewusst. Nehmen Sie wahr, wie der Atem ein- und ausströmt. Sie sind Be-

obachter Ihres Atems. Lenken Sie Ihre Aufmerksamkeit auf den Bauchnabel und beobachten Sie das Heben und Senken des Bauchnabels.

- Vertiefen Sie die Atmung und richten Sie Ihre Aufmerksamkeit auf die Nasenlöcher. Nehmen Sie wahr, wie der Atem ein- und ausströmt.
- Kommen Sie langsam wieder zurück, nehmen Sie Ihren Körper auf der Unterlage wahr. Strecken und dehnen Sie sich ausgiebig und setzen Sie sich auf.

Werden Sie nicht zu schnell mutlos, falls Sie glauben, keinen Erfolg zu haben. Das Sankalpa ist wie ein Pflänzchen, das zuerst unter der Erde, also unter der Bewusstseinsebene im Unbewussten, wirkt und meist erst nach einiger Zeit sichtbar wird.

G. I. M. (Guided Imagery and Music) – eine besondere Form der Musiktherapie

In meiner Praxis arbeite ich seit vielen Jahren mit einer Form der rezeptiven Musiktherapie, die in den USA von Dr. Helen Bonny unter anderem auf der Basis der Jungschen Psychologie und der humanistischen Psychologie entwickelt wurde. Bei diesen musikgeführten Imaginationsreisen geht der Klient mit Hilfe der Musik in einem tiefentspannten Zustand auf eine »innere Reise«. Für ein Thema, das bearbeitet werden soll, werden entsprechende Musikstücke aus der klassischen Musik gewählt, die dann Inhalte des Unbewussten zum Vorschein bringen.

Oft tauchen in kürzester Zeit Bilder oder Gefühle auf, die den Kern des Problems treffen und damit auch schon eine Lösungsperspektive aufzeigen. Die Musik kann im Prozess des Verzeihens eine große Unterstützung sein, weil mit ihrer Hilfe unsere bewussten Gedanken erst einmal ausgeschaltet werden und wir eine tiefere Ebene der Erkenntnis erreichen.

Sie können Musik auch einsetzen,

- um mehr über die Hintergründe der Situation zu erfahren, um die es Ihnen geht;
- um die eigenen Gefühle, die damit verbunden sind, deutlicher wahrnehmen zu können;
- um Ärger oder Hassgefühle stellvertretend ausagieren zu können, ohne einen anderen zu verletzen, indem Sie weinen, schreien und um sich schlagen, wenn Sie spüren, dass Sie die Spannung körperlich ausagieren müssen;
- um herauszufinden, wie Sie weiter vorgehen können;
- um mit einer höheren spirituellen Kraft in Verbindung zu treten, von der Sie Verzeihung erbitten oder die Sie um Unterstützung bitten können, wenn Sie einem anderen verzeihen möchten;
- um Trost zu finden in Ihrem Schmerz, wenn es sich um einen nicht wiedergutzumachenden Verlust handelt.

Musikreise

Einige Musikstücke, die ich für diese Verzeihens-Reise empfehle (Sie können die Musikreise selbstverständlich auch mit Ihrer Wunschmusik durchführen):

- Johannes Brahms: Klavierkonzert Nr. 2, Allegro non troppo
- Johannes Brahms: Symphonie Nr. 4, Andante moderato
- Alessandro Marcello: Oboenkonzert d-Moll, Adagio
- Anton Dvorak: vier romantische Stücke, Larghetto
- Edvard Grieg: Holberg-Suite, Air
- Arvo Pärt: Cantus in memoriam B. Britten
- Samuel Barber: Violinkonzert, Adagio for Strings
- Joseph Haydn: Cellokonzert C-Dur, Adagio
- Claude Debussy: Prélude à l'Après-Midi d'un Faune

Sorgen Sie dafür, dass Sie eine Zeitlang ungestört sind, und verdunkeln Sie wenn möglich den Raum etwas. Legen Sie sich Papier und Farbstifte, ein großes Blatt Papier mit einem vorgezeichneten Kreis oder ein Tagebuch zurecht. Legen Sie eine CD ein und programmieren Sie Ihr Musikgerät so, dass Sie es gleich nach einer kurzen Anfangsentspannung einschalten können.

- Legen Sie sich bequem hin und richten Sie die Aufmerksamkeit einige Minuten lang auf Ihren Körper. Atmen Sie lange und tief aus. Sie können auf einen Es- oder F-Ton ausatmen oder einfach beim Einatmen bis zwei und beim Ausatmen bis vier zählen, um das Ausatmen zu vertiefen.
- Spüren Sie Ihren Körper von den Zehen bis zum Kopf und geben Sie ihm die Anweisung »Entspannen!«. Beginnen Sie damit, Ihre Füße zu entspannen, Ihre Beine, Ihr Becken, Ihren Rücken, Ihre Arme und Hände, Ihren Hals und Ihren Kopf. Entspannen Sie besonders die Augen, die Lider, die ganz gelöst und entspannt auf den Augen ruhen. Damit Sie sich noch besser entspannen

können, zählen Sie langsam von zehn bis eins, stellen Sie sich dabei eine Treppe vor, die Sie Stufe für Stufe nach unten gehen.

- Machen Sie sich noch einmal kurz die Situation und den Menschen, dem Sie verzeihen möchten, bewusst. Formulieren Sie dann Ihre Frage oder Ihre Bitte, zum Beispiel: »Ich wünsche mir, diesem Menschen zu verzeihen, und möchte es mit Hilfe dieser Musikreise tun. Die Musik wird mir helfen, den richtigen Weg zu finden.« Öffnen Sie sich bewusst für die Botschaften aus Ihrem Inneren. Überlassen Sie ab jetzt der Musik die Führung und vertrauen Sie den Bildern und Gefühlen, die auftauchen.

- Wählen Sie einen Ausgangspunkt für Ihre innere Reise: Sie können sich selbst in eine schöne Landschaft versetzen und sich vorstellen, dem Menschen, dem Sie verzeihen möchten, zu begegnen. Sie können sich aber auch in die entsprechende Situation in der Vergangenheit versetzen, in der die Kränkung geschehen ist. Sie können einen Spiegel auftauchen lassen, in dem der oder die andere erscheint. Wenn Sie sich dabei unwohl fühlen, visualisieren Sie ein hilfreiches Tier oder auch einen Schutzengel an Ihrer Seite.

- Stellen Sie jetzt die ausgewählte Musik an, auch wenn Sie dafür kurz die Augen öffnen müssen. Es wird Sie nicht aus der Entspannung herausholen.

- Nehmen Sie alles wahr, was auftaucht. Jedes Bild, jedes Gefühl oder jede Körperwahrnehmung ist wichtig und kann ein Hinweis darauf sein, was Sie tun können oder worauf Sie achten sollten.

- Wenn die Musik zu Ende ist, nehmen Sie sich einen Moment Zeit, alle Eindrücke und Bilder noch einmal vor

Ihrem inneren Auge vorüberziehen zu lassen. Wenn es ein Bild, ein Gefühl oder einen Gedanken gab, der jetzt besonders präsent und im Vordergrund steht, nehmen Sie ihn noch einmal wahr oder betrachten noch einmal das Bild. Öffnen Sie die Augen, strecken und dehnen Sie sich und malen Sie, wenn es Ihnen möglich ist, ein Mandala oder schreiben Sie ein paar Zeilen in Ihr Tagebuch.

- Betrachten Sie das Bild und lassen Sie es zusammen mit den Eindrücken von der Musikreise einfach nur auf sich wirken. Vielleicht tauchen dazu Gefühle, Gedanken oder Einsichten auf, die zu dem Thema passen. Spüren Sie nach, wie es Ihnen jetzt mit dem Thema Verzeihung geht. Hat Ihnen die Musik einen Hinweis gegeben, ob noch etwas notwendig ist, um verzeihen zu können, oder ist es Ihnen bereits gelungen, und Sie fühlen sich jetzt wohler als vorher?

Sie können dieses Vorgehen zum gleichen Thema beliebig oft wiederholen. Zum einen brauchen Sie vielleicht länger, um überhaupt einen Einstieg in diese Methode zu finden, zum anderen werden Sie zum gleichen Thema sicher häufig andere Bilder bekommen, die verschiedene Aspekte des Problems oder der Situation aufzeigen.

Bachblütentherapie

Obwohl er als aufsteigender Stern am Mediziner-Himmel galt, wandte sich der englische Arzt Dr. Edward Bach Anfang des 20. Jahrhunderts von der Schulmedizin ab. Wirkliche Heilung rührt von der menschlichen Seele her, lautete seine Überzeugung. Konsequenterweise suchte er nach Mitteln, die auf der emotionalen Ebene für Heilung sorgen. In speziellen Pflanzen beziehungsweise deren Blüten fand er die gesuchte Medizin, die auf die jeweiligen Gemütszustände und die damit verbundenen körperlichen Symptome wirkt. Zu den krank machenden Gefühlszuständen zählen bei ihm auch das Nicht-vergessen-Können und das Nicht-vergeben-Können. Drei Blütenessenzen sind speziell diesen Themen zugeordnet und unterstützen in besonderer Weise alle Vergebungsrituale: Pine, Holly und Willow.

Anwendung:

Bachblüten, die den Verzeihensprozess unterstützen

Gestalten Sie die Einnahme der Blütenessenzen als Ritual. Lesen Sie die Beschreibung der entsprechenden Blüte durch, wählen Sie die vorgeschlagene oder formulieren Sie eine eigene Affirmation, die Sie mit der Einnahme verbinden. Verstärken Sie die Wirkung, indem Sie visualisieren, wie die Blütenessenz in Ihnen ihre volle Kraft entwickelt.
Sie können die vorgeschlagenen Blütenessenzen miteinander oder auch mit anderen Blüten kombinieren oder sie als Einzelblüte einnehmen. In eine Mischung kommen

fünf Tropfen der gewünschten Blüte (auf 30 ml Wasser/ Alkohol), davon nehmen Sie täglich zweimal zehn Tropfen. Als Einzelessenz können Sie täglich einmal (möglichst abends) einen Tropfen in einem Glas Wasser schluckweise trinken. Die Bachblüten können über einen beliebig langen Zeitraum genommen werden, in jedem Fall aber so lange, bis Sie eine entsprechende Wirkung spüren.

Pine – Pinie

Edward Bach ordnete den Blüten der Kiefer das Thema Schuldgefühle zu. »Für jene, die sich selbst Vorwürfe machen. Selbst wenn sie erfolgreich sind, denken sie, sie hätten es noch besser machen können ... Sie arbeiten schwer und leiden sehr unter den Fehlern, die sie sich selbst einreden. Manches Mal, wenn es einen Fehler gibt, den andere verschuldet haben, nehmen sie diesen sogar auf sich und fühlen sich verantwortlich.«
Mit Hilfe von Pine kann man unberechtigte Schuldgefühle loslassen und sich begangene Fehler verzeihen. Die Blüte Pine hilft dabei, alte Muster und falsch verstandene moralische Vorstellungen, zum Beispiel aus der Kindheit, loszulassen und die Verantwortung für sein Leben zu übernehmen. Sie löst Blockaden auf, die durch Selbstverurteilung entstanden sind, und hilft damit auch, anderen gegenüber mitfühlender zu werden. So trägt sie dazu bei, ein gesundes Selbstvertrauen zu entwickeln und sich mit Licht- und Schattenseiten anzunehmen.
Affirmation: Ich stelle mich der Wahrheit und bin frei von bedrückenden Schuldgefühlen.

Holly – Stechpalme

Edward Bach beschreibt den blockierten Holly-Zustand, in dem diese Blüte hilft, wie folgt: »Für jene, die manchmal von Gedanken mit Eifersucht, Neid, Rachsucht oder Argwohn befallen werden. Für die verschiedenen Formen von ärgerlicher Unruhe.« So wird Holly für alle Zustände empfohlen, in denen man von dem Gefühl, ungerecht behandelt und zurückgesetzt worden zu sein, geplagt wird. Außerdem fühlt sich ein Mensch im Holly-Zustand sehr schnell von anderen beleidigt und tut sich schwer zu verzeihen. Mit Hilfe von Holly kann man loslassen, was einen verbittert, kann Verletzungen vergeben und Gelassenheit entwickeln, wenn man sich gekränkt oder benachteiligt fühlt.
Affirmation: Ich bin gelassen und verständnisvoll, ich fühle mich geliebt und stark. Ich kann verzeihen.

Willow – Weide

Die Blütenessenz der Weide hilft dabei, alten Groll und alte Verletzungen loszulassen und sich nicht länger als Opfer anderer Menschen oder als Opfer des Schicksals zu verstehen. Verletzungen und Enttäuschungen können als Aufforderung gesehen werden, das eigene Leben in die Hand zu nehmen und sich nicht länger zum Opfer zu machen. Willow öffnet den Menschen für die Erfahrung, mit der eigenen Lebensquelle verbunden zu sein und das Leben trotz aller Enttäuschungen als Geschenk zu empfinden.
Affirmation: Ich öffne mich für die kosmische Liebe, sie erfüllt mich mit der Kraft zur Verzeihung.

Kreative Visualisierung

Der große Arzt Theophrastus Bombastus von Hohenheim, genannt Paracelsus, war von der Macht der inneren Bilder überzeugt. »Der Mensch hat eine innere und eine äußere Werkstatt, die innere ist seine Vorstellungskraft, die äußere sein Körper. Vorstellungen können uns krank oder gesund machen, je nachdem, wie wir sie einsetzen.« In seinen Werken beschreibt er ausführlich, wie Bilder die Wirklichkeit beeinflussen – Aussagen, die inzwischen von Neurobiologen durchweg bestätigt werden. Setzen Sie also Ihre Vorstellungskraft und Phantasie ein, wenn es um Vergebung und Verzeihung geht.

Am intensivsten wirken die inneren Bilder, wenn wir uns dabei auf einer tieferen und entspannteren Bewusstseinsebene befinden, nämlich auf der Alphaebene. Der deutsche Arzt und Medizinwissenschaftler Hans Berger entdeckte sie 1924 in Jena, als er der Fähigkeit des menschlichen Gehirns, elektrische Wellen auszusenden, auf der Spur war. Bei den Alphawellen stellte er eine Frequenz von 8–13/14 Hz (Schwingungen pro Sekunde) fest. Im Jahre 1935 wurden die Deltawellen (1–4 Hz) entdeckt, später die Betawellen (14–30 Hz) und Thetawellen mit 3–7 Hz. Diese elektrischen Wellen, die durch die Zellkommunikation entstehen, werden im Elektroenzephalogramm mittels empfindlicher Elektroden, die auf der Kopfhaut befestigt sind, aufgezeichnet. Es ist erwiesen, dass im EEG Informationen über die Hirnfunktionen enthalten sind. Die unterschiedlichen Frequenzen kann man deutlich den jeweiligen Tätigkeiten zuordnen, wie Musikhören oder Kopfrechnen. Auch Raumvorstellungen, Stress- oder Entspannungsphasen weisen unterschiedliche Frequenzen auf. Auch während des Schlafs verändern sich die gemessenen Hirnströme und wechseln zwischen höherer und niedrigerer Erregbarkeit.

Alphawellen mit 8 bis 13/14 Hz entstehen in entspannter Wachheit bei geschlossenen Augen, während wir uns entspannen oder konzentrieren, in der Meditation, beim Sex, während einer entspannenden Massage oder beim Hören bestimmter Musik (etwa Barockmusik). Wenn die Alphawellen dominieren, kommt es zu einer verstärkten Aktivierung der rechten Gehirnhälfte, damit einhergehend zu ruhigem, gelassenem Denken, einer guten Integration von Körper und Geist.

Auf der Alphaebene kommt der Mensch mit den Inhalten seines Unbewussten in Kontakt und ist gleichzeitig bewusst und wach genug, um sie – anders als bei Träumen – wahrzunehmen und ins Bewusstsein zu integrieren: Auf diese Weise ermöglicht die Alphaebene den Zugang zu den inneren Kräften und Ressourcen, zu intuitiven Einsichten und tiefen Gefühlen.

Alpha-Übung

Folgende Basisübung sollten Sie einige Wochen lang wiederholen, bis es Ihnen mühelos gelingt, sich tief zu entspannen und so eine tiefere Bewusstseinsebene zu erreichen. Haben Sie Geduld, wenn es nicht sofort gelingt, üben Sie vielleicht zu einer anderen Tageszeit.

- Setzen oder legen Sie sich bequem hin und schließen Sie die Augen. Atmen Sie einige Male tief und gleichmäßig ein und aus. Lassen Sie sich mit jedem Atemzug tiefer in die Unterlage einsinken, wie in warmen, weichen Sand.

- Stellen Sie sich vor Ihrem inneren Auge die Zahl Drei vor, dann die Zahl Zwei und die Zahl Eins. Während Sie von zehn bis eins zählen, gehen Sie eine imaginäre Treppe nach unten und entspannen sich dabei tiefer und tiefer.

- Stellen Sie sich einen idealen Entspannungsplatz vor, an dem Sie sich noch tiefer entspannen können. Behalten Sie diesen Platz in der nächsten Zeit bei, stellen Sie sich ihn so plastisch wie möglich vor, mit Farben, Gerüchen oder Geräuschen. Wenn Ihr Entspannungsplatz am Meer ist, möchten Sie sich vielleicht in den warmen Sand oder in einen bequemen Liegestuhl setzen. Malen Sie sich die Entspannung so aus, dass Sie sich sofort wohl fühlen, wenn Sie sich diesen Platz vorstellen. Je mehr positive Gefühle vorhanden sind, umso leichter können Sie diese »innere Wellness-Oase« auch im Alltag einsetzen, um neue Energie zu tanken.

- Auf diese Weise entspannt, können Sie jetzt an dem Thema Ihrer Wahl arbeiten, zum Beispiel sich selbst oder einem anderen Menschen zu verzeihen (entsprechende Übungen siehe in den jeweiligen Kapiteln).

- Am Ende kommen Sie langsam aus der tiefen Entspannung heraus, indem Sie von eins bis zehn zählen und bei jeder Zahl Ihre imaginäre Treppe wieder nach oben gehen.

- Zählen Sie von eins bis drei, bei drei öffnen Sie die Augen, strecken und dehnen sich und sind hellwach und klar.

Rituale und Symbole des Verzeihens im Alltag

Neben Ritualen mit rein religiösem Charakter, den Gemeinschaftsritualen mit sozialer Aufgabe oder den Ritualen in Übergangssituationen (Geburt und Tod) gibt es in allen Kulturen Rituale zur Bewältigung von Krisensituationen. Dazu gehören vor allem Rituale zur Verzeihung und Versöhnung.

Zu den Ritualen mit religiösem Charakter zählen zum Beispiel die Messfeier, Taufe, Kommunion und Konfirmation oder die Erteilung des Sterbesakraments. Häufig gehört zum Ritual, neben bestimmten Handlungen und Gesten, das Überreichen eines symbolischen Gegenstandes wie zum Beispiel des Eherings.

Zu den Ritualen, die in Krisensituationen hilfreich sind, gehört zum Beispiel das Zusammenkommen der Gemeinde, das gemeinsame Singen und Beten. Auch bestimmte Körperhaltungen wie das Hinknien sind Bestandteil des Rituals.

Zu den wichtigen Alltagsritualen, die das Zusammenleben erleichtern und die auch im Zusammenhang mit Verzeihen wichtig werden können, gehört das gemeinsame Einnehmen von Mahlzeiten. Nicht nur aus Vereinfachungsgründen gibt es zum Beispiel bei größeren Gesellschaften ein festgelegtes Menü mit einer geringen Variationsbreite für alle. Ähnliches Essen und Trinken stärkt das Gemeinschaftsgefühl genauso wie gemeinsames Rauchen oder die gemeinsame Überzeugung, dass vegetarisches Essen am gesündesten ist. Diese Erkenntnisse kann man sich bei manchen Verzeihensritualen zunutze machen. Rituale sind übrigens umso wirksamer, je mehr sie mit Gefühlen »aufgeladen« sind. Das heißt, je mehr Sie sich während des Rituals die Verzeihung wünschen und je besser Sie sich die positive Auswirkung vorstellen können, umso leichter wird es gehen.

Die Alltagsrituale dienen vor allem der Strukturierung und Vereinfachung des Alltags. Durch die rhythmische Wiederholung muss nicht jede Tätigkeit neu überdacht und bewusst durchgeführt werden. Das morgendliche Kaffeekochen funktioniert fast im Schlaf. Das erste Morgenritual in Form von Yoga-Übungen, Meditation oder einfach nur in Form einer angenehm heißen Dusche gibt auch nach einer unruhigen und schlaflosen Nacht ein Gefühl von Sicherheit, dass das Leben weitergeht und man immer wieder neu anfangen kann.

Unser Alltag besteht aus vielen kleinen Ritualen, die mit einer spezifischen Energie aufgeladen sind und uns helfen, immer wieder in die Balance zu kommen. In ähnlicher Form strukturieren wir auch unsere Wochen, Monate und Jahre durch Rituale: durch samstägliches Einkaufen, sonntägliches Ausschlafen mit Frühstück im Bett, durch regelmäßigen Gottesdienstbesuch, durch wöchentliche oder monatliche Besuche bei Verwandten, durch Geburtstagsfeiern und die Gestaltung von Festtagen oder durch ritualisierte Telefonanrufe oder Besuche bei Familienangehörigen und Freunden. Zu grüßen, sich guten Appetit zu wünschen, einander zum Jahresanfang zu beglückwünschen – auch das sind Rituale, die der Interaktion mit anderen Menschen dienen.

Alle diese Rituale haben eine über die reine Handlung hinausweisende symbolische Bedeutung. Allerdings müssen Rituale eingeübt und wiederholt werden, wenn sie ihre positive Wirkung entfalten sollen. Indem Rituale auf bereits bekannte Handlungsabläufe und gängige Symbole zurückgreifen, vermitteln sie ein Gefühl von Halt und Orientierung sowie eine gewisse Sicherheit bei der Bewältigung krisenhafter Situationen.

Rituale werden von Symbolen begleitet, wie zum Beispiel dem Schütteln der Hände. Wenn wir einem anderen Menschen die Hand geben, bedeutet das auch eine innere Zuwendung, die noch deutlicher wird, wenn wir den anderen umarmen.

Ein Symbol hat immer eine sichtbare und eine unsichtbare Ebene. Der Begriff Symbol (griechisch: »symbolon« selbst bedeutet so viel wie »Erkennungszeichen«. Eine Münze, die in zwei Teile zerbrochen worden war, galt den Griechen als Erkennungszeichen, wo und wann immer sich die Besitzer beider Hälften der Münze trafen. Besaß ein Fremder die andere Hälfte der Münze, konnte man ihn für einen Freund des eigenen Freundes halten.

Neben den kulturell geprägten Symbolen kennen wir Menschheitssymbole, die überall verstanden werden, auch wenn sie kulturell unterschiedlich bewertet werden. Dazu gehört zum Beispiel ein Lächeln, geöffnete Arme, ein Händedruck. Symbole und symbolische rituelle Handlungen haben eine große Wirkkraft. Wenn wir einen Menschen umarmen, werden in unserem Körper und in unserer Psyche, ausgelöst durch chemische Prozesse, bereits viele Aktionen in Gang gesetzt, die eine später folgende tatsächliche Umarmung erleichtern. So werden bis zu 80 Prozent der wirklichen Muskelaktivität bereits in Bewegung gesetzt, wenn wir sie uns ganz genau vorstellen. Diese Tatsache machen sich viele Sportler zunutze, indem sie alle Wettkämpfe genau in ihrem Inneren durchlaufen und jede kleinste Bewegung bereits in der Vorstellung vorwegnehmen und so ihren Körper genau darauf trainieren. Ähnlich löst ein Ritual, wenn wir es auch nur in unserer Vorstellung vollziehen, eine emotionale Veränderung bei uns selbst und sogar beim anderen aus.

Die drei Ebenen des Verzeihens

In den vorstehenden Kapiteln haben wir uns dem Verzeihen von verschiedenen Richtungen aus angenähert. Dieses Kapitel handelt nun von den Auswirkungen des Verzeihens auf der körperlichen, der seelischen und der geistigen Ebene und gibt Ihnen vielfältige Übungen an die Hand, mit denen Sie sich dem Thema Verzeihen nähern können und mit denen Sie vielleicht sogar die eine oder andere inspirierende Erfahrung machen werden. Sie brauchen natürlich nicht alle Übungen auf einmal durchzuführen, denn so wie das Verzeihen seine Zeit hat, so haben auch die Übungen ihre Zeit. Sie werden spüren, ob Sie sich zu der einen oder anderen Übung ganz besonders hingezogen fühlen – und diese möchte ich Ihnen dann auch ganz besonders ans Herz legen, übrigens nicht nur einmal: Wiederholen schadet gar nichts!

Verzeihen ist ein ganzheitlicher Prozess, nur wenn Verstand, Gefühl und der ganze Körper beteiligt sind, kann er gelingen. Oft sehen wir ein, dass es wichtig ist, demjenigen zu verzeihen, der uns darum bittet, und stimmen zu, und doch bleibt die Verzeihung ein Lippenbekenntnis und im wahrsten Sinne des Wortes »halbherzig«. Auch wenn Verzeihen ganz spontan gelingen kann, ist es in der Regel ein längerer Prozess mit mehreren Schritten. Die einzelnen Ebenen, auf denen Verzeihung stattfinden muss, wenn sie gelingen soll, sind natürlich nicht wirklich zu trennen. Trotzdem ist es hilfreich, sie zunächst einmal bezüglich ihrer Aufgabe beim Verzeihen einzeln zu betrachten.

Der Kopf steht für die intellektuelle, aber auch für die geistige Ebene. Hier wird die Entscheidung zur Verzeihung getroffen, und von hier können die entsprechenden Erkenntnisse und Hintergründe betrachtet und eingeordnet werden.

Die nächste Aufgabe hat das Herz zu bewältigen, das symbolisch für die Gefühlsebene, für Liebe und Mitgefühl steht.

Den dritten Schritt bilden konkrete Übungen und Rituale des Verzeihens. Am Ende stehen Gesten der Verzeihung und der Versöhnung, wie beispielsweise sich die Hand zu geben oder sich zu umarmen.

Eine Weisheit aus dem Yoga besagt, dass der Körper der Ort der Wahrheit ist. So können wir letztlich auch auf der körperlichen Ebene erkennen, ob Verzeihen gelungen ist.

Die körperliche Ebene

Verzeihen ist gesund

Körperliche Symptome sind häufig ein Hinweis, dass wir gekränkt wurden oder andere gekränkt haben und es nicht wirklich wahrhaben wollen.

»Methoden, die den Menschen helfen, ihren Groll zum Ausdruck zu bringen, negativen Gefühlen freien Lauf zu lassen und vergangenes Unrecht (eingebildetes oder wirkliches), das ihnen zugefügt worden ist, zu vergeben, dürften in der präventiven Medizin in Zukunft eine bedeutende Rolle spielen.« So schreibt der Arzt und Immunologe Dr. Carl Simonton in seinem Buch »Wieder gesund werden«. Seit Jahrzehnten beschäftigt er sich in seiner

Klinik vor allem mit den Ursachen und den Möglichkeiten der Heilung bei Krebserkrankungen. In dieser langjährigen Arbeit kam er zu dem Schluss, dass gerade Krebspatienten oft noch von alten Ressentiments und emotionalen Bindungen an Vergangenes beherrscht werden. Im Vordergrund steht dabei das Gefühl, von Eltern oder einem Elternteil vernachlässigt oder nicht geliebt worden zu sein. Für die Heilung, so sagt Simonton, ist es von entscheidender Bedeutung, sich von der Vergangenheit frei zu machen.

Nicht verzeihen zu können, innerer Groll, das Gefühl, ungerecht behandelt worden zu sein, die Rache, die man schwört, weil man verletzt wurde, oder auch das verdrängte Nicht-verzeihen-Können wirken im besonderen Maße negativ auf die Grundstimmung des Menschen.

Das Wissen, dass das Gewebe Emotionen speichert, gehört zu den Grundlagen der chinesischen Medizinlehre bzw. zur Grundannahme der Akupunktur. Danach tendieren verschiedene Organe dazu, bestimmte Energien festzuhalten. Die Leber wird zum Beispiel verbunden mit Groll und Ärger, die Nieren mit Angst oder das Herz mit Lebensfreude. Viele Körpertherapien, die auf der Lehre des Freud-Schülers Wilhelm Reich basieren, gehen ebenfalls davon aus, dass die negativen Emotionsmuster im Gewebe zu Blockaden und Verhärtungen und schließlich zu Krankheit führen. Sowohl durch Akupunktur als auch körpertherapeutische Verfahren soll versucht werden, diese Blockaden zu lösen und die gestaute Energie wieder zum Fließen zu bringen.

Dass negative Emotionen das Immunsystem schwächen, bezweifelt inzwischen fast niemand mehr. Wie und warum das allerdings so ist, war lange nicht wirklich zu erklären. Die Psychoneuroimmunologie befasst sich seit Jahren damit, diese Zusammenhänge aufzuzeigen. Es gibt heute keine Zweifel mehr, dass das Immunsystem keine eigenständige Einrichtung im Organismus ist, sondern mit der Psyche, dem Nervensystem und dem Hormonsystem aufs engste verknüpft ist. Über ein komplexes Netzwerk kommunizieren die einzelnen Systeme miteinander. Damit wird bewiesen, dass nicht allein biologische Faktoren wie Erbanlagen und Erreger über Gesundsein und Kranksein entscheiden, sondern vor allem auch psychische und soziale Faktoren einen Einfluss darauf ausüben. Die amerikanische Ärztin und Forscherin Dr. Candace Pert beschreibt, wie nach ihrer Erkenntnis die Umwandlung von Emotionen in Krankheit im Körper vor sich geht. Nach dieser neuesten Neuropeptiden-Theorie arbeiten die hochaktiven biochemischen Aktivatoren mit Rezeptoren an der Zellwand zusammen. Laut Dr. Pert werden unterdrückte Emotionen im Körper mit Hilfe von Neuropeptiden gespeichert. Solche Erinnerungen können über Jahre gespeichert werden. Das zeigen die durch Musik oder Hypnosetechniken hervorgerufenen Erinnerungen und Gefühle, die zum Teil 30 bis 40 Jahre zurückliegen. Die in biochemische Substanzen umgewandelten Gefühle wirken in vielfältiger Weise vor allem auf die Zellen des Immunsystems.

Richard J. Davidson und seinen Kollegen vom Laboratory for Affective Neuroscience der University of Wisconsin gelang es, die Erregungsmuster bei negativem Denken im Gehirn aufzuzeigen, die dann zu einer Schwächung des Immunsystems führen. Die entsprechenden Probanden wurden aufgefordert, sich intensiv an ein negatives und ein positives Erlebnis zu erinnern. Dabei wurde die Aktivität auf der rechten und linken Seite des präfrontalen Cortex mittels Elektroenzephalogramm gemessen. Es stellte sich heraus, dass die körpereigene Krankheitsabwehr eher Lücken aufwies, je stärker die Aktivität eines

»Emotionszentrums« auf der rechten Hälfte der Großhirnrinde verschoben war und je intensiver die (in diesem Fall negative) Emotion empfunden wurde. Das zeigte sich dann auch in dem anschließenden Test, bei dem die Probanden eine Grippeimpfung erhielten. Ihre Immunantwort wurde innerhalb der folgenden sechs Monate dreimal überprüft. Das Ergebnis der Studie lautet, kurz gefasst: Menschen, die eher zu negativ gefärbten Emotionen neigten, wiesen eine schwächere Immunantwort auf die Grippeimpfung auf. Das heißt, die Menge an schützenden Antikörpern im Blut war messbar niedriger. Die Forscher werten das als generellen Hinweis auf ein – relativ – geschwächtes Immunsystem.

Im Umkehrschluss gehen die Psychoneuroimmunologen davon aus, dass positive Gefühle das Immunsystem stärken. Allerdings scheint nicht die emotionale Belastung selbst entscheidend zu sein, sondern die Art und Weise, wie sie bewältigt wird. Mit den vielfältigen Erkenntnissen der letzten Jahrzehnte sind die seit langem stark vermuteten und erfahrenen Beziehungen zwischen Seelenleben und Selbstheilungskräften wissenschaftlich sozusagen hoffähig geworden.

Damit erhält die Verzeihung, mit der wir negative Gefühle, die mit Kränkung und Verletzung verbunden sind, loslassen und sozusagen unsere Seele »entgiften«, einen hohen Stellenwert. Besonders intensiv beschäftigte sich damit der amerikanische Arzt und Psychologe Dr. Gerald G. Jampolsky, der in seinem Buch »Verzeihen ist die größte Heilung« die Macht der Vergebung beschreibt, die unser inneres und äußeres Leben heilt. In den Jahrzehnten seiner Tätigkeit in dem von ihm gegründeten »Zentrum für die Heilung von inneren Einstellungen« in Sausolito, Kalifornien, hat er unzählige Patientengeschichten gesammelt, die das belegen, was er am Anfang des Buches kurz zusammenfasst: »Ich bin seit über 40 Jahren Arzt. Ich kann mich an viele Menschen mit einer ganzen Reihe von Krankheiten – von Rückenbeschwerden über Magengeschwüre und Bluthochdruck bis hin zu Krebs – erinnern, denen es spürbar besserging, als sie anfingen zu verzeihen.« In seinem Buch erwähnt er Forschungsergebnisse, die den Zusammenhang zwischen Vergebung und Gesundheit aufzeigen. Zu den Auswirkungen des Nichtverzeihen-Könnens und den damit verbundenen Spannungen und dem Gefühl von Wut und Ärger gehören:

- Schwächung des Immunsystems
- Kopfschmerzen
- Rückenschmerzen
- Nackenschmerzen
- Sodbrennen und Magengeschwüre
- Depressionen
- Energiemangel
- Beklemmungen
- Reizbarkeit
- Anspannung und Nervosität
- Schlaflosigkeit und Unruhe
- Angstgefühle
- Niedergeschlagenheit, Unzufriedenheit
- Beeinträchtigung von Herz und Kreislauf
- Anfälligkeit für Suchterkrankungen

Übung: Den eigenen Körper wertschätzen

Diese kleine Übung unterstützt dabei, den Körper wertzuschätzen, und führt so zu mehr Achtsamkeit und Wohlbefinden. Besonders an Tagen, an denen man von Selbstzweifeln und abwertenden Gedanken geplagt wird, entfaltet diese Übung eine wohltuende Wirkung.

- Stellen Sie sich vor den Spiegel und betrachten Sie Ihren Körper. Konzentrieren Sie sich zuerst auf die Körperteile, die Sie besonders an sich mögen. Reden Sie mit ihnen, sagen Sie Ihren Händen, wie schön sie sind.
- Verweilen Sie einen Moment bei dem Gedanken, was Sie mit diesen schönen Händen alles tun können.
- Kommen Sie jetzt zu den Körperstellen, die Ihnen nicht besonders gefallen und die Sie vielleicht schon immer verändern wollten. Sagen Sie zum Beispiel zu Ihren Hüften: »Ich finde euch eigentlich zu breit, aber ich mag euch, denn ihr gehört zu mir.« Versuchen Sie nachzuspüren, was diese Form der Hüften ausdrückt – beispielsweise eine ausgeprägte Weiblichkeit. Versuchen Sie, diese Weiblichkeit als Teil Ihres Wesens anzunehmen und dankbar dafür zu sein.
- Verfeinern Sie diese Übung immer mehr, beziehen Sie Ihre Falten ebenso ein wie die Farbe Ihrer Augen. Entwickeln Sie auf diese Weise immer mehr Dankbarkeit für das Geschenk des Lebens und erkennen Sie seine Kostbarkeit.

Auch wenn die Übung vom weiblichen Standpunkt aus formuliert ist, kann sie natürlich genauso von Männern durchgeführt werden.

Auch für Sie gilt dann, dass Sie sich in Ihrem positiven Körpergefühl bestätigen und sowohl den geliebten als auch den eher ungeliebten Körperstellen liebevolle Aufmerksamkeit widmen sollten. Bedanken Sie sich am Ende bei Ihrem Körper, bei diesem wunderbaren Vehikel, das Sie kraftvoll durchs Leben trägt.

Der Groll hinter einer Sucht

Gerade Menschen, die mit Sucht und Abhängigkeit kämpfen, leiden oft unter Groll und Ärger, die sie mit Hilfe des Suchtmittels verdrängen. Immer häufiger erlebe ich vor allem junge Menschen, die sich selbst verletzen und so ihren Groll und ihre Wut insbesondere gegen sich selbst ausdrücken. Dieses selbstverletzende Verhalten reicht vom Ausreißen der Haare, Ritzen mit dem Messer über das Blutigkratzen der Haut bis zu extremsten Formen des Hungerns. Es ist also nicht verwunderlich, dass bei den therapeutisch geführten Musikreisen immer wieder Themen wie Selbstverzeihung und Verzeihung anderer auftauchen.

Eine etwa 30-jährige Frau, die sich nach Jahren des Leidens von ihrer Magersucht befreien wollte, entschloss sich zu einer Musiktherapie. Ihre Geschichte schilderte sie sachlich und in lückenloser zeitlicher Reihenfolge. Sie kommentierte dabei die einzelnen Stationen so professionell, als hätte sie ein therapeutisches Lehrbuch studiert. Nach mehreren Gesprächen stellte sich immer deutlicher heraus, dass sie im Moment weniger unter der Essstörung litt als vielmehr unter der Angst, ihren Lebensgefährten zu verlieren, den sie als ihr »Ein und Alles« bezeichnete.

Sie beschrieb ihn wie einen Halbgott mit allen guten Eigenschaften und ihren Vater dagegen – als die Sprache auf ihn kam – als äußerst unangenehm und sehr negativ. Die beiden Männer erschienen wie die zwei Seiten einer Medaille.

Bereits während der ersten Musikreise erfuhr ich die Ursache dieser Spaltung: Ihr Vater hatte sie sexuell missbraucht, was später zur Trennung der Eltern und schließlich zum gerichtlichen Kontaktverbot des Vaters mit seiner Tochter führte. In dieser Zeit war die Essstörung ganz deutlich in Erscheinung getreten. »Ich wurde das Gefühl nicht los, dass ich schuld war an der Trennung meiner Eltern. Meine Mutter hat diesen Skandal, den ich ausgelöst hatte, nie wirklich überwunden und starb wenige Jahre danach.« Weiter berichtete die junge Frau, sie könne sich nicht verzeihen, dass sie nicht zuerst mit der Mutter, sondern mit einer Außenstehenden darüber gesprochen hatte, die das Jugendamt informierte. Hin- und hergerissen zwischen Wut, Hass und Schuldgefühlen, waren Ess-Brech-Attacken die einzige Möglichkeit, diese Spannung für einige Zeit aufzulösen.

Mit den Jahren verschwanden die Bilder und Gefühle, die mit diesem Geschehen zusammenhingen, immer mehr und sanken wie »schwere schwarze Ungeheuer auf den Meeresgrund«. Da unten lagen sie keineswegs friedlich und vermoderten, sondern vergifteten die Atmosphäre. Viele Beziehungen scheiterten schon nach kurzer Zeit. Nur dieser Freund, um den sie jetzt so große Angst hatte, verstand sie und war nun schon seit zwei Jahren mit ihr zusammen. Nach mehreren Musikreisen und einigen Gesprächsstunden fühlte sie sich in der Lage, sich mit dieser Phase ihres Lebens noch einmal intensiv auseinanderzusetzen, um sie nicht mehr verdrängen zu müssen, sondern integrieren zu können. Sie erkannte deutlich, dass ihre

Angst um den Partner mit den großen Verlusterlebnissen ihres Lebens zusammenhing.

Am Ende dieses Prozesses schrieb sie einen langen Brief an ihren Vater, erzählte ihm, wie sehr sie ihn geliebt hatte und wie enttäuscht und verletzt sie war, dass er sie nicht nur als Tochter sehen und lieben konnte. Obwohl ihr Vater noch lebte, entschied sie sich, den Brief in eine Schachtel zu verpacken und diese einem Fluss zu übergeben, an dessen Ufer sie oft spazieren ging. »Irgendwann werde ich meinen Vater anrufen, aber erst, wenn ich weiß, dass ich ihm verzeihen kann«, sagte sie mir, und ich wusste, dass sie das ernst meinte und der Brief ein erster wichtiger Schritt war.

Nach einer Therapiepause von einigen Wochen kam sie wieder und berichtete mir, dass sie jetzt viel besser in der Lage sei, auch die Schattenseite in ihrer Beziehung zu sehen und anzunehmen. Ihr Freund sagte ihr, dass er sehr erleichtert sei, dass er nicht mehr fehlerfrei sein müsse. Sie konnte jetzt viel offener über ihre Ängste sprechen, und ihr Partner konnte ihr sagen, dass es ihn sehr belaste, für ihr Glück verantwortlich zu sein und vielleicht das wiedergutmachen zu müssen, was ihr Vater ihr angetan habe. Auch das Thema Magersucht rückte mehr in den Hintergrund. In einigen Wochenendkursen lernte sie Yoga und Meditation kennen, konnte sich deutlich besser entspannen und hatte sehr viel seltener den Suchtdruck, hektisch essen oder brechen zu müssen.

Übung: Sich selbst zulächeln

- Legen Sie sich auf den Rücken, die Arme ruhen neben dem Körper, die Handflächen zeigen nach oben, die Beine fallen locker auseinander, die Fußspitzen sind leicht nach außen gerichtet.

- Atmen Sie mehrmals tief ein und aus und lassen Sie sich beim Ausatmen in Ihrer Vorstellung tiefer und tiefer in die Unterlage einsinken.

- Entspannen Sie beim Ausatmen den ganzen Körper. Lassen Sie in sich ein inneres Lächeln entstehen. Zunächst können Sie an etwas denken, was dieses Lächeln hervorruft. (Mit zunehmender Übungspraxis sollte es Ihnen möglich sein, ohne direkten Bezug zu einem äußeren Ereignis zu lächeln.)

- Das Lächeln breitet sich auf Ihrem Gesicht aus, auf Ihrer Stirn, in Ihren Augen, Ihrer Nase, Ihrem Mund und Ihren Ohren. Das Lächeln erfüllt den ganzen Kopf, das Gehirn, das ganze Gewebe und alle Zellen des Kopfes. Es erfüllt die Zähne und Knochen.

- Lassen Sie das Lächeln in den Hals, in die Lungen und ins Herz fließen. Spüren Sie die Energie des Lächelns in Ihrem Herzen, in den Lungen. Bedanken Sie sich für diese wunderbare Energie.

- Lächeln Sie in die Leber unter dem rechten Rippenbogen, lächeln Sie in den Magen etwas links von der Mitte unterhalb des Zwerchfells. Lächeln Sie in die Bauchspeicheldrüse und die Milz unter dem linken Rippenbogen. Genießen Sie diese lächelnde Energie ein wenig und bedanken Sie sich bei den Organen. Lächeln Sie in den Dünndarm und den Dickdarm, die einen großen Teil des Bauchraums einnehmen. Bedanken Sie sich bei ihnen

115

für die Verdauungsarbeit, die sie täglich leisten, und lassen Sie die lächelnde Energie noch etwas auf den Darm wirken.

- Lächeln Sie in Ihre Nieren links und rechts neben der Wirbelsäule. Bedanken Sie sich bei den Nieren und den darüberliegenden Nebennieren für ihre Arbeit. Lassen Sie Ihr Lächeln die Nieren erwärmen. Die warme Energie des liebevollen Lächelns tut ihnen gut.

- Lenken Sie Ihr Lächeln jetzt in die Blase und in die Ausscheidungsorgane. Bedanken Sie sich, dass sie Ihren Körper täglich von Giften frei halten. Lächeln Sie ihnen zu und lassen Sie das Lächeln einen Moment in diesem Bereich wirken.

- Lächeln Sie den Sexualorganen zu, sie werden durchströmt von der lächelnden Energie. Bedanken Sie sich bei ihnen.

- Lassen Sie Ihr Lächeln jetzt durch den ganzen Körper fließen, füllen Sie jede Zelle mit Ihrem Lächeln.

- Beginnen Sie mit den Augen und lenken Sie das Lächeln mit dem inneren Blick durch die vordere, mittlere und hintere Körperlinie gleichzeitig nach unten. Stellen Sie sich die Energie des Lächelns wie einen Wasserfall der Liebe und Freude vor, der durch den ganzen Körper fließt.

Wenn das Herz grollt

Herzerkrankungen werden durch seelische Schmerzen, inneren Groll und Nicht-verzeihen-Können ausgelöst oder zumindest verstärkt. Der Volksmund spricht nicht umsonst davon, dass »uns etwas oder jemand das Herz bricht«. Bitterkeit und Frustration schwächen die Lebensfreude, die nicht nur in der chinesischen Medizin dem Herzen zugeordnet wird. Lebensfreude und Lebensenergie hängen eng zusammen, mangelt es uns an beiden, können wir nicht mehr »aus ganzem Herzen« leben. Der verbleibende Teil wird überlastet und erkrankt schließlich. Das gilt übrigens in besonderem Maße für die Belastungen, die entstehen, wenn wir uns selbst etwas nicht verzeihen. Gelingt uns diese Verzeihung, wird die Selbstliebe gestärkt, und die Selbstheilungskräfte kommen wieder in Schwung.

Übung: Den Groll überwinden

Wenn Sie feststellen, dass Sie auch nach längerer Zeit eine belastende Situation immer noch in sich tragen und sie durch negative Gedanken und Gefühle nähren, empfiehlt sich diese Übung als »Türöffner« für die Verzeihung.

- Setzen Sie sich bequem und aufrecht hin. Spüren Sie Ihre Füße auf dem Boden und schließen Sie die Augen.
- Lenken Sie die Aufmerksamkeit auf den Atem. Atmen Sie ruhig und gleichmäßig und beobachten Sie den Atem wie ein Zuschauer. Nehmen Sie jede Veränderung wahr. Vertiefen Sie langsam den Atem und zählen Sie dabei von zehn bis eins.
- Bei jeder absteigenden Zahl entspannen Sie sich tiefer und tiefer. Sie können sich eine Treppe vorstellen, die Sie Stufe für Stufe nach unten gehen.
- Unten angekommen, stellen Sie sich einen idealen Entspannungsplatz vor, an dem Sie sich sicher und geborgen fühlen.

- Lassen Sie den Menschen auftauchen, gegen den Sie einen tiefen Groll hegen.
- Stellen Sie sich vor, wie diesem Menschen Gutes geschieht – vielleicht wird ihm Anerkennung zuteil, vielleicht gibt es jemanden, der ihn liebt, vielleicht wird er reich. Lassen Sie ihm das zukommen, worüber er sich Ihrer Meinung nach freuen würde.
- Achten Sie dabei auf Ihre eigene Reaktion. Gönnen Sie dem anderen dieses Glück? Nehmen Sie Ihre Gefühle einfach wahr, ohne Wertung, auch wenn Sie spüren, dass Sie dem anderen noch lange nichts Gutes gönnen können.
- Um die Übung zu beenden, zählen Sie langsam von eins bis zehn und steigen die imaginäre Treppe wieder nach oben. Atmen Sie tief ein und aus, strecken und dehnen Sie sich und öffnen Sie die Augen.

Wahrscheinlich werden Sie das gewünschte Resultat nicht gleich beim ersten Mal erzielen. Wiederholen Sie die Übung mehrmals, es wird mit jedem Mal leichter. Beobachten Sie dabei immer wieder Ihre eigenen Reaktionen und Gefühle so lange, bis sich der innere Groll gegen den anderen aufgelöst hat. Sobald das geschehen ist, können Sie sich damit beschäftigen, dem anderen in Gedanken oder auch mit Worten zu verzeihen. Es wird Ihnen jetzt viel leichter fallen.

Den Stellenwert der Kränkung verändern

Manche Kränkungen nehmen in unserer Vorstellung einen enorm großen Raum ein. Damit haben sie oft einen viel zu hohen Stellenwert im Leben und bestimmen unser Denken und Handeln. Wollen wir die damit verbundenen negativen Gedanken und Gefühle verdrängen, nehmen sie an Umfang zu. An Verzeihen ist nicht zu denken. Gelingt es uns allerdings, dem Vorfall seine überdimensionale Größe zu nehmen, fühlen wir uns wie befreit und können unser Herz wieder öffnen.

Eine ältere Dame berichtete mir, dass sie sich seit dem vergangenen Weihnachtsfest sowohl körperlich als auch seelisch nicht mehr wohl fühle. Ihre ständigen Magenschmerzen quälten sie fast genauso wie das traurige Gefühl, das sie anscheinend so ganz ohne Grund überfiel. Als ich sie fragte, ob denn an Weihnachten irgendetwas vorgefallen sei, was diese Änderung in ihrem Befinden ausgelöst haben könnte, verneinte sie zunächst.
Aber nach genauerem Nachfragen gab sie zu, dass sie eine große Enttäuschung nicht überwunden, aber »vergessen« habe. Während des Weihnachtsessens war es zum Streit mit ihrer Schwiegertochter gekommen. Diese hatte in der gerade aktuellen Ehekrise die Schwiegermutter für die vielen Schwierigkeiten in der Partnerschaft verantwortlich gemacht. Unter anderen warf sie ihr vor, dass sie dem Sohn nie beigebracht habe, eine Frau mit Wertschätzung zu behandeln. In den darauffolgenden schlaflosen Nächten hatte sie immer wieder über die Vorwürfe nachgedacht. Als ich sie befragte, wie denn ihr Verhältnis zur Schwiegertochter in den vergangenen Jahren gewesen sei, räumte sie ein, sich ihr gegenüber durchaus öfter kritisch geäußert zu haben, aber niemals so direkt und so grob

verletzend. Sie betrachtete die Verletzungen, die sie der Schwiegertochter zugefügt hatte, als relativ unbedeutend im Vergleich zu denen, die sie selbst erlitten hatte.

Eine kleine Visualisierungsübung zeigte dieses Verhältnis ganz eindrücklich. Mit geschlossenen Augen und in einem entspannten Bewusstseinszustand sollte sie sich die Aussagen der Schwiegertochter als geometrische Form, als Bild oder als Farbe vorstellen und dann ein Bild für ihre eigenen Vorwürfe und Aussagen finden. Was ihr die Schwiegertochter angetan hatte, bekam die Form einer Lawine, von der sie sich sofort überrollt fühlte, für die andere Seite, nämlich ihre eigenen Äußerungen, wählte sie das Bild eines Schneeballs, der zwar auch verletzend sein konnte, aber bei weitem nicht so bedrohlich war. Im anschließenden Gespräch stellte sie allerdings fest, dass ein einziger Schneeball sehr wohl eine Lawine auslösen kann. Sie räumte ein, wohl schon länger geahnt zu haben, dass die Schwiegertochter sich für das eigene erlittene Unrecht an ihr rächen wollte.

Bei der nächsten Übung sollte meine Klientin sich die beiden Schneekugeln gleich groß vorstellen. Das gelang ihr anfangs nicht, aber schließlich atmete sie hörbar erleichtert auf, als die Schneelawine nicht mehr so bedrohlich aussah. Schon nach wenigen Tagen besserten sich ihre körperlichen Symptome, und damit wurde sie wieder offener für ein Gespräch mit ihrer Schwiegertochter, das dann sehr viel besser verlief, als sie angenommen hatte.

Zusammenfassung

- Körperliche Symptome können ein wichtiger Hinweis sein, dass ein innerer Groll nicht überwunden oder etwas nicht verziehen wurde.
- Nicht verzeihen können (sich selbst und anderen) erzeugt inneren Stress und schwächt das Immunsystem.
- Hinter jeder Form von Sucht stecken häufig innerer Groll und nicht verziehene Erfahrungen.
- Auf körperlicher Ebene zu verzeihen bedeutet zum Beispiel, den anderen wieder in der Nähe dulden zu können, ihm die Hand zu geben, ihn zu umarmen etc.

Die emotionale Ebene

Im letzten Kapitel ging es darum, eigene Gefühle wahrzunehmen und ehrlich mit sich selbst zu sein. Um verzeihen zu können, ist es wichtig, echte Gefühlsverletzungen von sogenannter »narzisstischer Kränkung« zu unterscheiden. Menschen, die nur auf sich selbst bezogen sind, missbrauchen andere für die Befriedigung ihrer Bedürfnisse. Wird dies verweigert, wird es bereits als tiefe Kränkung empfunden. Dabei ist es nie genug, was die anderen Menschen tun, immer gibt es neuen Anlass für narzisstische Kränkung. Die Bedürfnisse des anderen spielen dabei kaum eine Rolle. Wenn man diesen Mechanismus nicht kennt bzw. durchschaut, kann es dazu führen, dass man sich immer wieder verletzt fühlt und doch immer mehr tut, um geliebt zu werden oder Dankbarkeit zu erleben.

Manche Menschen schleppen unglaubliche Lasten durch ihr Leben, die sie anderen – ungefragt – abnehmen. Die nachfolgende Übung dient dazu, Klarheit zu schaffen und sich darüber bewusst zu werden, wie viel man trägt und wie viel davon man wirklich auf seinem eigenen Lebensweg weiter mitnehmen möchte.

Übung: Den Rucksack leeren

- Setzen Sie sich bequem und aufrecht hin, nehmen Sie wahr, wie Ihre Füße auf der Unterlage ruhen, und schließen Sie die Augen.
- Stellen Sie sich vor, wie Sie sich bei jedem Ausatmen tiefer und tiefer entspannen.
- Zählen Sie langsam von zehn bis eins, gehen Sie in Ihrer Vorstellung eine Treppe nach unten und entspannen Sie sich noch tiefer.
- Am Ende der Treppe angelangt, betreten Sie Ihren idealen Entspannungsplatz. Hier können Sie alles loslassen, was Sie nicht mehr brauchen, negative Gedanken und Gefühle, Stress und Sorgen.
- Lassen Sie jetzt vor Ihrem inneren Auge einen Weg auftauchen. Es ist Ihr Lebensweg, den Sie schon ein ganzes Stück gegangen sind. Nehmen Sie wahr, wie Sie sich gerade jetzt zwischen Vergangenheit und Zukunft befinden.
- Sie stellen fest, dass Sie einen schweren Rucksack tragen und gar nicht wissen, was sich darin alles befindet. Sie entschließen sich, eine Pause einzulegen, um herauszufinden, was Sie alles mit sich herumschleppen.
- Sie öffnen Ihren Rucksack und finden einige größere und kleinere Steine. Jeder Stein symbolisiert eine be-

lastende Situation, einen Menschen, mit dem Sie Probleme hatten oder haben und dem Sie nicht verzeihen können. Betrachten Sie jeden Stein genau, lassen Sie sich Zeit, vielleicht finden Sie in dem Rucksack mehr, als Sie glauben. Betrachten Sie die Steine, die seelischen Belastungen, den alten Groll und das Gefühl, nicht verzeihen zu können, die diese Steine symbolisieren.

- Sie können entscheiden, ob Sie diese Steine auf Ihrem weiteren Lebensweg mitnehmen oder einige davon loslassen wollen.

- Wenn Sie eine Entscheidung getroffen haben, was Sie loslassen möchten, welche Gefühle Sie zurücklassen, welchem Menschen Sie verzeihen wollen, nehmen Sie den entsprechenden Stein in die Hand. Vielleicht taucht noch einmal die damit verbundene Situation oder die betreffende Person auf. Legen Sie dann den Stein bewusst an den Wegrand, rollen Sie ihn in einen Bach oder lassen Sie sich eine andere Art und Weise einfallen, wie Sie den Stein loswerden können.

- Formulieren Sie einen Satz, während Sie dieses Thema, diesen Menschen loslassen. Vielleicht möchten Sie sich auch vorher noch bedanken, auch für eine Schwierigkeit, in die Sie der andere gebracht hat. Denn vielleicht können Sie erkennen, dass Sie daran gewachsen und stärker geworden sind.

- Nehmen Sie am Ende den Rucksack wieder auf und spüren Sie, um wie viel leichter er geworden ist. Sie fühlen sich insgesamt um einiges leichter und setzen mit neuem Elan Ihren Weg fort.

- Um aus der tiefen Entspannung wieder herauszukommen, zählen Sie langsam von eins bis zehn und steigen die Treppe Stufe für Stufe wieder nach oben.

- Strecken und dehnen Sie sich und öffnen Sie die Augen.

Halten Sie die Erfahrung in Form eines Bildes fest, wenn Sie noch etwas Zeit haben. So bleibt das Erlebte noch deutlicher im Gedächtnis, und Sie können sich leichter daran erinnern, wenn Sie wieder einmal unnötigen Ballast mitschleppen.

Vielleicht merken Sie während dieser Übung, dass Sie noch gar nicht bereit sind, den Stein und damit die belastende Situation loszulassen. In diesem Fall empfehle ich Ihnen die Übungen »Den Groll überwinden« und »Den Stellenwert der Kränkung verändern« durchzuführen, um mehr über die Hintergründe zu erfahren.

Eine meiner Klientinnen, eine jüngere Frau, kümmerte sich trotz ihrer eigenen drei Kinder und einer Schwiegermutter, die sie zusätzlich versorgte, immer um Nachbarn und Freunde. Als eine attraktive und verwöhnte junge Frau nebenan einzog, machte sie sich schon beim Einräumen des Hauses nützlich. Da die junge Mutter mit ihrem Neugeborenen nicht zurechtkam, sprang sie hilfsbereit ein, nahm ihr den Kleinen immer wieder mal ab, wusch die Wäsche und kaufte ein. Nach einiger Zeit wurde alles ruhiger, die Nachbarin brauchte ihre Hilfe jetzt seltener und zeigte sich – wie am Anfang, als sie mit ihrer Familie eingezogen war – deutlich distanzierter. In Gesprächen beklagte sie sich immer wieder, dass sie in dieser nicht sehr repräsentativen Gegend wohnen müsse, nur weil ihr Mann es nicht weit zu seinem Arbeitsplatz habe. Nie kam ein Wort des Dankes für die Unterstützung, sie rief ihre hilfsbereite Nachbarin nur an, wenn sie etwas brauchte. An einem Samstag bat die Nachbarin meine Klientin um einige Schüsseln und Besteck für eine Party, die am Abend stattfinden sollte. »Du bist doch hoffentlich nicht böse, dass wir dich beziehungsweise euch nicht eingeladen haben? Aber weißt du«, so fuhr sie fort, »es kommen Kollegen, sogar der Chef meines Mannes und ein paar Freunde – und, na ja, du weißt schon, da passt du eben nicht so dazu.«

Zugegeben, sagte sich die Gekränkte, ich bin nicht die Attraktivste, aber ich bin nicht dumm, und man muss mich nicht verstecken. Besonders getroffen fühlte sie sich, weil dies nicht das erste Mal gewesen war; immer wieder hatte sie sich in dieser Weise ausgenützt gefühlt.

Zunächst ging es in unserer Arbeit darum, diese Gefühle ernst zu nehmen und den Schmerz zuzulassen. Erst dann betrachteten wir die Situation genauer. Bei der Nachbarin drehte sich ganz offensichtlich alles nur um sie und ihre eigenen Bedürfnisse. Sie selbst hatte das noch unterstützt, hatte nicht erkannt, dass sie nur eine Funktion erfüllte und nicht wirklich als Mensch wahrgenommen wurde. Immer wieder hatte sie in dieser Weise ihr eigenes Minderwertigkeitsgefühl kompensiert, indem sie sich nützlich machte, ohne scheinbar etwas dafür zu erwarten. Während einer Musikreise formulierte sie als erstrebenswertes Ziel, anderen aus Freude und aus der eigenen Fülle heraus zu helfen und nein sagen zu können, wo diese Voraussetzungen nicht erfüllt sind. Sie entschloss sich, mit ihrer Nachbarin zu sprechen, auch wenn es ihr sehr schwerfiel, anderenfalls gab es für sie keine Verzeihung, das wurde aus den Gesprächen sehr deutlich.

Mitgefühl entwickeln

Die Voraussetzung für Mitgefühl ist die eigene Fähigkeit, Gefühle bewusst zu erleben. Das ist in unserer Welt der Scheingefühle nicht immer ganz leicht. Die Tränen, die uns ein Film entlockt, sprechen nicht immer für tiefempfundene echte Gefühle, die man gerade vermeiden will, weil sie Angst machen. Dafür spricht, dass sich viele Menschen unangenehm berührt fühlen, wenn andere in ihrer Gegenwart weinen. Erst wenn wir selbst Liebe, Trauer, Einsamkeit, Wut, Ärger oder Angst tief erlebt haben, können wir mit jemand anderem mitfühlen und dabei trotzdem die notwendige Distanz wahren. Mitgefühl heißt eben nicht, den Schmerz des anderen zum eigenen zu machen und darin zu versinken. Einen anderen Menschen zu verstehen in seinem Gefühl bedeutet nicht automatisch, ihn zu umarmen oder ihn sofort trösten zu wollen. Es ist wichtig, präsent zu sein und den anderen Verbundenheit spüren zu lassen. Das gilt nicht nur für Menschen in therapeutischen Berufen, sondern für jede menschliche Begegnung. Während Mitleid manchmal eher trennend erlebt wird, weil es aus der Position des Überlegenen geschieht, ist Mitgefühl immer verbindend. Mitleidig betrachtet zu werden ist meist nicht angenehm, weil man die eigene Situation noch mehr als Opfer und sich selbst als Versager empfindet. Wenn wir echtes Mitgefühl für einen Menschen empfinden, wissen wir meistens genau, wie wir uns verhalten sollen, um wirklich hilfreich zu sein.

Stärkung des Mitgefühls

Richard Davidson ist seit vielen Jahren auf die Untersuchung tibetischer Buddhisten spezialisiert. Besondere Ergebnisse erzielte er dabei mit dem französischstämmigen Mönch Matthieu Ricard aus dem Shechen-Kloster in Kathmandu. Als Ricard begann, auf »unbegrenzte Liebe und Mitgefühl« zu meditieren, schlug das Elektroenzephalogramm (EEG) dramatisch aus. Die Hirnwellen waren, wie es schon vorher bei anderen Mönchen der Fall gewesen war, um 30-mal stärker als bei Vergleichsgruppen von Studenten. Vor allem im linken präfrontalen Cortex war eine verstärkte Aktivität zu verzeichnen, genau dort, wo – nach Ansicht der Forscher – positive Emotionen wie Liebe und Mitgefühl verarbeitet werden. Die Studie kam zu dem Schluss, dass sich Mitgefühl wie ein Muskel trainieren lässt. Auch wenn die in den letzten Jahren häufiger durchgeführten Studien dieser Art immer wieder angezweifelt werden, scheint sich doch zu bestätigen, dass Meditation weit mehr positive Effekte für den Menschen bringt als bisher angenommen.

Eine besonders wirkungsvolle Hilfe beim Verzeihensprozess ist die buddhistische Liebende-Güte-Meditation, die im Altindischen »Metta«, das heißt Sanftheit, genannt wird. Diese Meditation führt zu einem sanftmütigen Geist, dem es leichter fällt, die Widerstände und Härte gegen sich selbst und andere aufzugeben.

Übung: Buddhistische Liebende-Güte-Meditation

Setzen Sie sich bequem hin, lenken Sie die Aufmerksamkeit einige Minuten lang auf den Atem und spüren Sie, wie Sie dabei immer ruhiger werden. Lesen Sie dann den Text und lassen Sie die Worte tief in Ihr Herz sinken.

- Wir wollen an alles Gute denken, das wir in unserem Leben haben, und unser Herz mit Dankbarkeit dafür anfüllen. Wir empfinden Dankbarkeit für Gesundheit, ein Heim, ausreichend Kleidung, Familie, Freunde, für alle Lehren, die wir empfangen haben, für das gute Essen, die schöne Natur in unserer Umgebung. Wir füllen uns mit Dankbarkeit an und umhüllen uns damit. Wir stellen uns immer mehr und mehr Dinge, Situationen und Menschen vor, für die wir dankbar sein können. Wir betrachten nichts als selbstverständlich. Wir sind dankbar für unser Leben, das uns ermöglicht, spirituell zu wachsen.

- Wir schauen noch einmal in unser Herz hinein und erkennen darin ganz deutlich den Wunsch und die Sehnsucht, Liebe zu empfinden und diese Fähigkeit zu erweitern und zu vergrößern. Dann schenken wir dieses Gefühl demjenigen, der uns hier am nächsten sitzt, nur aus dem Grund, weil dieses Gefühl der Weichheit und Wärme des Herzens zum Verschenken ist. Und wir verspüren ganz deutlich, dass dadurch Glück in uns herrscht und wir Glück um uns verbreiten.

- Wir wollen an unsere Eltern denken, ob sie noch leben oder nicht, und ihnen tief und innig dankbar sein für alles Gute, das sie für uns getan haben, vor allem als wir noch zu klein waren, um für uns selbst zu sorgen. Wir denken daran, wie sehr sie sich um uns gesorgt haben. Wir schenken ihnen diese Dankbarkeit in Liebe und sehen, wie sie das beglückt.

- Jetzt denken wir an einen schwierigen Menschen in unserem Leben, über den wir uns geärgert haben oder der sich über uns geärgert hat. Und wir sind diesem Menschen innig dankbar für die Lernsituation, die sich daraus ergeben hat, nämlich dass wir lernen können, auch die schwierigen Menschen zu lieben. Mit dieser Dankbarkeit denken wir an den schwierigen Menschen und spüren, wie die Schwierigkeit von uns abgleitet.
- Wir sind dankbar für die herrliche Natur um uns herum: Bäume und Blumen, Wälder und Wiesen, Berge und Täler, Himmel und Wolken, Sonne und Regen. Wir lassen Dankbarkeit von uns ausstrahlen in die Natur um uns herum. Und wir sind dankbar, dass wir diese Natur mit vielen Wesen teilen dürfen, winzig klein wie Ameisen oder auch größer. Wir sind alle ein Teil dieser Schöpfung und dankbar dafür.
- Wir richten die Achtsamkeit wieder auf uns selbst und spüren Glück und Freude durch die Dankbarkeit, die wir verschenkt haben, und durch die Liebe, die wir dadurch auch ausstrahlen konnten, und verankern die Dankbarkeit in unserem Herzen, so dass wir jederzeit Zugang zu ihr haben.
- Mögen alle Menschen Dankbarkeit in ihren Herzen entwickeln.

Mitgefühl für sich selbst bedeutet, dass man Schmerz, Ärger und Wut als zu einem gehörend wahrnimmt und sie sogar in gewisser Weise willkommen heißt, weil man sein eigenes Leben mit allen Licht- und Schattenseiten wertschätzt. Dazu gehören alle verletzten Gefühle, die aufgrund von enttäuschten Hoffnungen, Ausgrenzung, Ablehnung, körperlichem und seelischem Missbrauch usw. entstanden sind. Sie gehören zu uns und unserer Entwicklung. Wenn wir sie annehmen und wandeln, machen sie uns bewusster und weiser. Erst im nächsten Schritt können wir Mitgefühl für andere entwickeln und lernen, nicht nur uns selbst und unsere Befindlichkeit wichtig zu nehmen. Jetzt können wir all das, was wir bei uns selbst wahrgenommen haben, auch bei anderen erkennen. Mitgefühl bedeutet, dass wir erkennen, dass der andere Mensch genauso gefangen ist in seiner Geschichte wie wir selbst. Je mehr wir über die menschliche Psyche und die Blockaden und Widerstände wissen, umso eher können wir eine mitfühlende Haltung einnehmen, die das Verzeihen sehr erleichtert.

Der Weg durch die Schattenbereiche der Psyche führt am sichersten zu der Liebe, die nicht mehr aus eigener Minderwertigkeit die Anerkennung sucht oder aus eigener Bedürftigkeit den anderen braucht. Erich Fromm hat dies in seinem Buch »Die Kunst des Liebens« sehr treffend zum Ausdruck gebracht. »Produktive« aktive Liebe ist selbständiges, uneigennütziges Geben im Gegensatz zur Unselbständigkeit des Nehmens, die nur Ausdruck der merkantilen Tauschformen der Konsumgesellschaft ist.

Je größer unser Mitgefühl, umso größer ist auch die Geduld, die wir im Prozess des Verzeihens aufbringen. Wir sollten nicht warten, bis sich zu viel angesammelt hat, was uns dabei behindert, ein authentisches Leben zu führen. Kleine Rituale, in den Alltag integriert, erinnern uns stets an das Wesentliche ... die Liebe und das Mitgefühl.

Zusammenfassung

- Mitgefühl für sich zu entwickeln heißt, sich zu erlauben, traurig oder wütend oder nicht bereit zu sein zur Verzeihung. Erst dann können wir wirkliches Mitgefühl mit anderen haben, im besten Fall auch dann, wenn der andere nicht unbedingt Einsicht und Reue zeigt.
- Obwohl wir damit auf dem Weg des Verzeihens schon sehr weit gekommen sind, ist es trotzdem notwendig, Geduld zu haben.
- Die Kraft der Verzeihung können wir stärken, wenn wir uns die Hintergründe bewusst machen und sie zum Beispiel therapeutisch bearbeiten.
- Der Kraft der Verzeihung zu vertrauen heißt, den Kräften der eigenen Seele zu vertrauen.
- Der Schlüssel zur Verzeihung ist die Liebe.

Die mentale Ebene

Die meisten Menschen kennen wahrscheinlich Selbstgespräche, die zu quälenden inneren Dialogen werden können. Besonders wenn es sich um etwas handelt, was man sich oder anderen nicht verzeiht, können diese oft widerstreitenden Kopfstimmen das ganze Denken bestimmen und jede Konzentration auf etwas anderes verhindern. So kann es passieren, dass man sich nicht nur tage-, sondern wochenlang gedanklich damit beschäftigt, etwas Falsches gesagt oder getan zu haben. Das Problem, das ursprünglich vielleicht eher klein war, nimmt mit der Zeit immer mehr Raum ein. Vor allem in der Nacht scheinen einen die Gedanken wie Gespenster zu verfolgen. Menschen, die unter Schlafstörungen leiden, berichten oft von quälenden Gedanken, die sich um ein falsches Wort oder eine Kränkung drehen, die man offensichtlich nur schwer verzeihen kann. Immer wieder taucht dann die Situation vor dem inneren Auge auf und die Erinnerung an den einen Moment, in dem man selbst oder der andere nicht so gehandelt hat, wie man es eigentlich wollte oder wünschte. Auch wenn allseits bekannt ist, dass Selbstvorwürfe und die damit verbundenen negativen Gedanken nicht nur das seelische Gleichgewicht stören, die Beziehung zu dem Menschen, um den es geht, sehr belasten und sogar krank machen, gelingt es oft nicht, das Gedankenkarussell abzustellen. Aus diesem inneren Gedankenchaos heraus ist man selten in der Lage, das zu tun, was notwendig wäre, nämlich zum Beispiel dem anderen ehrlich mitzuteilen, was einen gekränkt hat, oder im anderen Fall um Verzeihung zu bitten. Man meidet im Gegenteil eher den Kontakt zu dem betroffenen Menschen oder man sucht immer neue Gründe, warum man im Recht ist. Man spricht vielleicht mit anderen darüber und sucht nach Bestätigung für das eigene Verhalten. Das alles bringt aber keine wirkliche innere Ruhe und Klarheit.

Ordnung im Kopf schaffen

Um sich überhaupt mit dem Thema Verzeihen beschäftigen zu können, sollte erst einmal Ordnung im Kopf geschaffen werden. Dabei ist es hilfreich, eine entsprechende Situation erneut zu betrachten, ohne jedes Detail sofort emotional zu bewerten. Nur so besteht die Möglichkeit zu unterscheiden, ob man selbst oder der andere

Mensch wirklich einen Fehler gemacht hat, ob man zum Beispiel aus einem alten Muster heraus sofort Schuldgefühle entwickelt oder auch aus alter Gewohnheit andere beschuldigt hat. Sowohl nagende echte oder falsche Schuldgefühle als auch innere Anklagemonologe halten das ewige Gedankenkarussell in Schwung. Die Rückschau, das emotionslose Betrachten einer Situation und die Klarheit darüber, ob man einfach nur überreagiert hat oder ob die Enttäuschung entstanden ist, weil man sich mit der längst sichtbaren Wahrheit nicht konfrontieren wollte, sind notwendig, um zu erkennen, wie der nächste Schritt aussehen sollte. Das könnte bedeuten, alles mit etwas mehr Humor zu betrachten und sich selbst nicht so wichtig zu nehmen, falsche Schuldvorwürfe zurückzuweisen, jemanden ganz klar zu konfrontieren usw.

Eine bewährte Übung, um zu dieser Klarheit zu finden, ist die »Innere Tischrunde«, bei der jede der unterschiedlichen Stimmen im Kopf die Chance hat, sich zu der Situation zu äußern.
Manchmal kann man am Ende feststellen, dass eine Stimme nur leise vernehmbar und eine andere laut im Vordergrund zu hören ist. Nicht immer ist die laute Stimme auch die richtige. Es ist deshalb sehr hilfreich zu prüfen, ob diese Stimme einfach nur besonders vertraut und deshalb laut zu hören ist. Vielleicht war sie in der Kindheit sehr dominant und vielleicht ist die leise Stimme diejenige, die sich schon damals nicht wirklich durchsetzen konnte und die jetzt gehört werden sollte.

Ich möchte das anhand eines Beispiels erläutern: Die Mutter eines achtjährigen Jungen wird zu einem Gespräch in die Schule gebeten. Die junge Lehrerin teilt ihr mit, dass ihr Kind zwar sehr intelligent, aber kaum in der Lage sei, sich in die Klassengemeinschaft einzufügen. So müsse sie den Störenfried häufig während der Stunde ermahnen, jedoch ohne Erfolg. Die Mutter reagiert sofort empört auf diese von ihr als Vorwurf empfundene Aussage. In einem scharfen Ton beschuldigt sie die Lehrerin, dass diese wohl nicht in der Lage sei, die Klasse kompetent zu führen. In einem Nachsatz fügt sie hinzu, dass auch andere Eltern und sogar die Direktorin sich gegenüber der Elternbeiratsvorsitzenden ähnlich kritisch geäußert habe. In den nächsten Tagen wird die Mutter von Zweifeln geplagt, ob es richtig war, so heftig zu reagieren, zumal sich die junge Lehrerin kurz nach dem Gespräch wegen einer Grippe krankmeldete. Verschiedene Gedanken, die sie eigentlich gerne verdrängt hätte, gehen ihr immer wieder durch den Kopf: »Vielleicht schadet mein Verhalten meinem Sohn in der Schule«, – »eigentlich habe ich ja die Kritik an der Lehrerin auch nur über Dritte gehört, deren Kinder gar nicht in derselben Klasse sind«, – »ich habe völlig richtig gehandelt und nicht zugelassen, dass sie ihre eigene Unfähigkeit an meinem Sohn auslässt«, – »eigentlich war ich ungerecht, so eine Berufsanfängerin muss ja auch erst in den Beruf hineinwachsen.«

Die Mutter könnte nun mit Hilfe der nachfolgend beschriebenen Übung die einzelnen Stimmen nacheinander klar wahrnehmen und herausfinden, welche Stimme laut und welche leise ist und welcher sie gerne folgen würde. Vielleicht wäre die Stimme, die sagt »du warst völlig im Recht, dich zu wehren gegen eine solche Kritik an deinem Kind« sehr laut, während eine leise Stimme einwirft: »Du hättest es erst einmal auf dich wirken lassen und dir einzelne Situationen beschreiben lassen sollen.«

Bei genauer Betrachtung könnte sich herausstellen, dass die heftige Angriffsreaktion ein altes Muster ist, mit dem sich die Mutter vielleicht schon in der Kindheit gegen dominante Geschwister und ihre echten oder vermeintlichen Übergriffe gewehrt hat. Wenn wir in einem ähnlichen Fall selbst betroffen sind und schließlich realisieren, dass wir keine hilflosen Kinder mehr sind, die sich nicht anders als mit einem Gegenangriff zu wehren wissen, können wir entscheiden, wie wir jetzt als erwachsene Menschen reagieren möchten. Das könnte dann in der Konsequenz bedeuten, sich selbst erst einmal zu verzeihen, dass man so gehandelt hat, wie man es viele Jahre lang gewohnt war. Die Mutter aus vorstehendem Beispiel könnte die Lehrerin ein zweites Mal aufsuchen, um die Situation zu klären. Vielleicht fiele es ihr dann sogar leicht, die Lehrerin um Verzeihung für ihr Verhalten zu bitten.

Übung: Der innere runde Tisch

- Setzen oder legen Sie sich bequem hin. Lenken Sie die Aufmerksamkeit auf den Atem und vertiefen Sie langsam das Ausatmen. Stellen Sie sich vor, wie Sie sich dabei entspannen.
- Stellen Sie sich eine Treppe vor und gehen Sie – während Sie langsam von zehn bis eins zählen – Stufe für Stufe nach unten.
- Stellen Sie sich einen runden Tisch vor, der in einem Raum steht, in dem Sie sich gerne aufhalten.
- Sie sitzen an diesem Tisch (dabei müssen Sie keine klare bildliche Vorstellung entwickeln, es genügt auch, sich in die Situation »hineinzudenken«).
- Jetzt lenken Sie Ihre Aufmerksamkeit auf die Situation, um die es geht. Erinnern Sie sich so genau wie möglich.

- Laden Sie nun die verschiedenen Stimmen ein, die sich hierzu gemeldet haben oder die seit längerem in Ihrem Kopf wirr durcheinanderreden. Damit es Ihnen leichter fällt, sich die Stimmen vorzustellen, geben Sie ihnen ein Bild. Vielleicht ist die kritische Stimme ein Mann, der genau gegenübersitzt, oder eine Frau direkt neben Ihnen. Vielleicht ist die leise mitfühlende Stimme ein Kind oder ein Tier. Vielleicht ist die verzweifelte Stimme eine zusammengesunkene Gestalt, die Mut machende eine griechische Amazone. Haben Sie Geduld, bis alle Stimmen versammelt sind, auch wenn es etwas Zeit braucht. Manchmal tauchen plötzlich neue Aspekte, das heißt neue Stimmen oder Personen auf, mit denen Sie gar nicht gerechnet haben.
- Versuchen Sie selbst ein(e) Beobachter(in) zu sein, geben Sie nicht vorschnell einer Stimme recht, sondern hören Sie allen gleich interessiert zu.
- Wahrscheinlich werden Sie erleben, dass die Stimmen – wenn Sie ihnen genügend Raum lassen – irgendwann zur Ruhe kommen. Bleiben Sie noch eine Weile in dieser nach innen gewandten Haltung und lassen Sie das Gehörte nachwirken.
- Vielleicht können Sie jetzt schon erkennen, was sich verändert hat und welche Information ein neues Licht auf die Situation wirft.
- Kommen Sie in jedem Fall bewusst wieder in den Alltag zurück, indem Sie langsam von eins bis zehn zählen und Ihre imaginäre Treppe wieder nach oben gehen und die Augen öffnen.
- Nehmen Sie sich wenn möglich noch etwas Zeit, um sich ein paar Notizen zu machen und das Erlebte noch einmal bewusst zu betrachten.

Eine andere Möglichkeit, zur Verzeihung zu kommen, indem man ein größeres Verständnis für die Situation entwickelt, wäre die folgende Übung »Genau wie ich«. Da erinnern wir uns, dass nicht nur unsere menschlichen Grundbedürfnisse gleich sind, sondern oft auch die Verhaltensweisen. Manchmal lehnen wir gerade das am anderen ab, was wir selbst an uns nicht sehen wollen. Bei der vorgenannten Fallgeschichte könnte sich die Mutter beispielsweise durch die Unsicherheit der jungen Lehrerin an eigene als unangenehm verdrängte Anteile erinnert haben.

Übung: Genau-wie-ich-Meditation

- Setzen Sie sich bequem hin, schließen Sie die Augen und lenken Sie die Aufmerksamkeit auf den Atem. Lassen Sie den Atem langsam tiefer werden. Nehmen Sie wahr, wie sich Ihr Körper entspannt, wie Gefühle und Gedanken zur Ruhe kommen.
- Damit Sie sich noch tiefer entspannen können, zählen Sie von zehn bis eins, bei jeder absteigenden Zahl entspannen Sie sich tiefer und tiefer.
- Lassen Sie dann vor Ihrem inneren Auge einen Entspannungsplatz auftauchen, an dem Sie sich wohl fühlen.
- Stellen Sie sich den Menschen, dem Sie verzeihen möchten, so genau wie möglich vor. Bieten Sie ihm einen Platz an und lassen Sie sich Zeit, bis Sie ihn genau wahrnehmen können.
- Sagen Sie dann folgende Sätze:
  - »Dieser Mensch (Sie können anstatt ›dieser Mensch‹ auch den Namen des anderen sagen) ist als Säugling in dieses Leben getreten und muss das Leben meistern, bis er es wieder verlässt – genau wie ich.

- Dieser Mensch möchte glücklich sein und sein Leben genießen – genau wie ich.
- Dieser Mensch möchte geliebt werden – genau wie ich.
- Dieser Mensch möchte Erfolg haben im Leben und anerkannt werden – genau wie ich.
- Dieser Mensch wird versuchen, seine Ziele zu verwirklichen – genau wie ich.
- Dieser Mensch hat liebevolle Seiten, will für andere sorgen und anderen etwas geben – genau wie ich.
- Dieser Mensch macht Fehler, verletzt andere und redet manchmal schlecht über andere – genau wie ich.
- Dieser Mensch ist der Verzeihung bedürftig – genau wie ich.
- Dieser Mensch ist ein Kind Gottes (der großen Mutter Natur) – genau wie ich.«

Ständige Unruhe und das dauernde Bedürfnis, sich abzulenken, können ein Hinweis darauf sein, dass wir damit unangenehme Gedanken in Verbindung mit dem Thema Verzeihung verdrängen möchten. Vielleicht haben wir wahrgenommen, dass sich das Verhalten eines Menschen uns gegenüber verändert hat, ohne dass wir genau wissen, warum. Schon die Tatsache, dass wir den anderen nicht nach den Gründen fragen, zeigt uns, dass wir irgendwie ahnen, dass der andere gekränkt sein könnte. Manchmal tritt die Verletzung oder Kränkung durch einen anderen Menschen auch in Form von unerklärlichem Groll oder dem Bedürfnis nach Distanz dem anderen gegenüber in unser Bewusstsein. All diese Anzeichen sollten wir ernst nehmen und in unserem Gedächtnis nach möglichen

Gründen dafür forschen. Wir sollten nicht darüber hinwegsehen, auch nicht über Kleinigkeiten, die manchmal schnell wachsen.

Auch bei schwerwiegenden Vorfällen sehen die Betroffenen manchmal die Notwendigkeit der Verzeihung nur zögernd ein. »Ich lebe auch ohne Verzeihung sehr gut!« »Das könnte dem anderen so passen, dass ich ihm auch noch verzeihe!« – »Für mich ist die/der gestorben, da gibt es nichts mehr zu verzeihen!« – Solche Aussagen höre ich oft, und manche Menschen sehen sogar nach Straf- und Gewalttaten keine Notwendigkeit, jemanden um Verzeihung zu bitten.

Ich erlebe in meiner Arbeit immer wieder Menschen, die mir ganz klar sagen, dass das Thema Verzeihen in einer bestimmten Situation für sie nicht in Frage kommt. Hier ist es besonders wichtig, zuerst einmal das Empfinden, nicht verzeihen zu können und zu wollen, zu akzeptieren und wertzuschätzen. Denn häufig üben Menschen auf sich selbst und andere damit Druck aus, dass sie doch als gute Christen oder entwickelte Menschen verzeihen müssten. Dennoch weiß ich, dass es notwendig ist, behutsam an dem Thema Verzeihung zu arbeiten. Zumindest ist es wichtig zu versuchen, die Situation besser zu verstehen.

Wenn es darum geht, einem anderen Menschen zu verzeihen, hilft manchmal die Erkenntnis, dass wir selbst ja auch nicht fehlerlos sind und immer wieder der Verzeihung bedürfen. So könnte uns bei genauerem Nachdenken bewusst werden, dass wir zumindest in Gedanken manchmal über andere Menschen ungerecht urteilen oder dass wir Dritten gegenüber sogar über gute Freunde destruktiv Kritisches sagen oder Geheimnisse ausplaudern, die wir eigentlich für uns behalten sollten. Wenn wir dafür mehr Bewusstsein entwickeln, wird es uns vermutlich leichter fallen, einem anderen Menschen zu verzeihen, vor allem dann, wenn es ähnliche Dinge betrifft. Aber auch wenn es sich um Schwerwiegenderes handelt, das auf unserer Seele lastet, kann das nachfolgend beschriebene Abendritual dazu führen, dass sogar hartnäckige Schlafstörungen verschwinden. Im Schlaf regeneriert sich der ganze Organismus. Mit Hilfe der Träume werden auch die Erfahrungen des Tages verarbeitet und so innere Balance hergestellt. Gehen wir mit belastenden Gefühlen und Gedanken in die Nacht, muss der Organismus Schwerstarbeit leisten, um innere Harmonie herzustellen. Viele Menschen können diesen nächtlichen Frieden nur mit Hilfe von Schlafmitteln erreichen, so wie die Klientin, die mir erzählte, dass sie seit Monaten ohne Schlafmittel keine Ruhe findet. Nur so kann sie das Gedankenrad für einige Stunden zur Ruhe bringen.

Eine Yoga-Kollegin kam vor kurzem ganz aufgeregt zu mir und bat mich um meinen Rat. Eine Bekannte hatte sie nachts angerufen und ihr fast eine Stunde lang verzweifelt erzählt, dass ihr Sohn sich finanziell in einer schrecklichen Misere befinde. Sie schilderte den Sohn als verlässlich und ehrlich, nur sei er einfach zu gutmütig. Er hätte sich in ein dubioses Filmgeschäft verwickeln lassen und dabei sein ganzes Geld verloren. Er bräuchte dringend etwas Geld zur Überbrückung der Situation, sie selbst würde dafür bürgen, dass das Geld zurückgezahlt würde. Meine Kollegin mochte die schon etwas ältere Bekannte, und so verabredete sie ein Treffen mit ihr, bei dem sie sich bereit erklärte, dem Sohn 2000 Euro zu leihen, allerdings für einen begrenzten Zeitraum von acht Wochen. Nach der Geldübergabe, bei der sie den Sohn zum ersten Mal sah, hörte sie nichts mehr, weder von der Mutter noch vom Sohn. Als sie nach acht Wochen versuchte, ihr Geld wiederzubekommen, stand sie vor verschlossener Tür, keiner machte auf, kein Anruf wurde beantwortet. Es begann eine zermürbende Zeit von Enttäuschung und Ärger. Als sie dann auch noch zufällig den Sohn in der Stadt mit einem sportlichen Cabrio fahren sah, war sie so außer sich, dass sie sich einen Tag vor der Wohnung der Bekannten postierte und sie schließlich auch zur Rede stellen konnte. Die Frau brach in Tränen aus und erzählte, dass der Sohn ihr mit Selbstmord gedroht hätte, wenn sie nicht das notwendige Geld besorge, das ihm aus einer schwierigen Situation helfen sollte. Seitdem hatte sie nichts von ihm gehört, und sie selbst, so erzählte sie weinend, hätte ihm längst alles gegeben und könnte die 2000 Euro nicht zurückzahlen. Meine Kollegin versuchte noch weiterhin das Geld zurückzubekommen, aber ihre Versuche blieben ergebnislos. Obwohl der Vorfall schon einige Zeit zurücklag, konnte sie der ehemaligen Bekannten, die wie sie Yoga unterrichtete und der sie vertraut hatte, nicht verzeihen, obwohl sie sich in ihre Lage versetzen konnte.

Übung: Abendliches Verzeihensritual

- Nehmen Sie sich am Abend ein wenig Zeit und sorgen Sie dafür, dass Sie ungestört sind. Schalten Sie das Handy und andere Informationsquellen aus. Setzen oder legen Sie sich bequem hin und lenken Sie Ihre Aufmerksamkeit auf den Atem.
- Beobachten Sie den Atem, ohne ihn zu beeinflussen. Nehmen Sie wahr, ob Ihr Atem kurz oder lang, tief oder flach ist, ob er mehr im Bauch, im Brustkorb oder ganz

oben im Schlüsselbeinbereich spürbar ist. Während Sie den Atem beobachten, wird er ganz von allein etwas langsamer und tiefer.

- Lassen Sie sich Zeit, gehen Sie den heutigen Tag oder die letzten Tage durch und nehmen Sie wahr, ob jemand auftaucht, den Sie gekränkt haben und um Verzeihung bitten könnten. Wenn es Ihnen schwerfällt, stellen Sie sich selbst Fragen, um herauszufinden, ob Sie sich selbst etwas verzeihen oder jemanden um Verzeihung bitten möchten.
- Habe ich heute jemanden gekränkt, indem ich ihn mit wenig Wertschätzung behandelt habe?
- Habe ich über jemanden negativ oder abschätzend gedacht?
- Wie bin ich mit der Erde, mit den Pflanzen und Tieren umgegangen, achtlos oder wertschätzend?
- Wie bin ich mit meinem Körper und meiner Gesundheit umgegangen, liebevoll oder nachlässig?
- Bin ich dankbar für das Geschenk des Lebens oder unzufrieden, weil alles nicht noch besser und noch üppiger ist?
- Möchte ich Gott oder ein höheres Wesen um Verzeihung bitten, vielleicht weil ich meine Gedanken und Gefühle nicht aufbauend und freudig für mein Wohlbefinden und das der menschlichen Gemeinschaft eingesetzt habe, sondern nörgelnd, unzufrieden, ärgerlich oder sogar zerstörerisch?

Diese Übung bringt nicht nur mehr Bewusstheit, wie sehr jeder von uns immer wieder der Verzeihung bedarf, sondern auch ein höheres Maß an Achtsamkeit, wie wir mit unseren Gedanken und Gefühlen umgehen.

Wenn Sie sich bereits entschieden haben, sich selbst oder jemandem zu verzeihen, und/oder wenn Sie glauben, bereits verziehen zu haben, Ihre Gedanken aber trotzdem immer wieder unfreiwillig um die verletzende Situation kreisen, möchte ich Ihnen die nun folgende Übung ans Herz legen.

Der damals 95-jährige englische Geistheiler Gilbert Anderson empfahl sie mir bei einem Kurs, bei dem es um die mentalen Hintergründe und Ursachen von Krankheit ging. Aufgrund seiner über 50-jährigen Erfahrung als Heiler in einer eigenen Klinik und in mehreren öffentlichen Krankenhäusern in London war er zu dem Schluss gelangt, dass hinter seelischen und körperlichen Krankheiten in vielen Fällen ein verstecktes Schuldgefühl sich selbst oder anderen gegenüber oder der innere Groll und das Nicht-Verzeihen stecken. Die Verzeihung auf mentaler Ebene hatte für ihn einen besonderen Stellenwert. Er erzählte, dass Menschen auf emotionaler Ebene manchmal schneller bereit sind, anderen zu verzeihen, zum Beispiel wenn man besonders harmoniebedürftig und der andere gerade mal wieder nett zu einem ist. Auch eine gute Stimmung, in der man die Welt in rosigen Farben sieht, scheint Menschen geneigter zu machen, über die Verletzung, die ihnen jemand zugefügt hat, hinwegzuschauen. Allerdings kommen in solchen Fällen die negativen Gedanken wieder und werden dann besonders heftig verdrängt.

Übung: Das Gehirn entrümpeln

- Setzen oder legen Sie sich bequem hin, schließen Sie die Augen und entspannen Sie sich, indem Sie einige Minuten lang tief und weich atmen.

- Zählen Sie von zehn bis eins und stellen Sie sich vor, wie Sie dabei eine imaginäre Treppe nach unten gehen. Entspannen Sie sich bei jeder absteigenden Zahl noch etwas mehr.
- Stellen Sie sich einen idealen Entspannungsplatz in der Nähe eines kleinen Flusses oder eines Wasserfalls vor.
- Nutzen Sie die erfrischende Kraft des Wassers, indem Sie eintauchen oder sich unter den Wasserfall stellen. Lassen Sie sich von der wärmenden Sonne trocknen.
- Öffnen Sie jetzt in Ihrer Vorstellung auf Ihrer Stirn ein großes Fenster. Ein kühler Wind bläst durch Ihr Gehirn und nimmt alle belastenden Gedanken mit, die sich in den vielen Windungen dort festgehakt haben.
- Stellen Sie sich die herausfliegenden Gedanken und Gefühle zum Beispiel in Form von Farben, flatternden Bändern oder Buchstaben vor. Ihr Gehirn wird dadurch immer leichter und freier, immer unbelasteter und fröhlicher.
- Nehmen Sie sich Zeit wahrzunehmen, welche negativen, ängstlichen Gedanken oder Lebensinhalte, die Sie immer wieder unglücklich machen, hartnäckig im Gehirn verbleiben, und übergeben Sie diese der kühlen, frischen Brise.
- Vielleicht stellen Sie fest, dass sich diese Gedanken wie Unkraut fest verwurzelt und das Wachstum von positiven und kreativen Gedanken fast erstickt haben. Fangen Sie in Ihrer Vorstellung an, dieses Unkraut auszureißen. Manchmal müssen Sie tief graben, um die Wurzel zu erwischen, manchmal sitzen die Pflänzchen schon recht locker. Wenn sich manches Unkraut, manche alte Verletzung, ärgerliche, wütende, schuldbeladene Gedanken so gar nicht entfernen lassen, überfluten Sie Ihr Gehirn

mit klarem Wasser. Das Wasser weicht den Boden auf und lockert auch noch das letzte Unkrautpflänzchen.

- Am Ende betrachten Sie wie ein zufriedener Gärtner/eine zufriedene Gärtnerin Ihr Werk.
- Schließen Sie das Fenster auf Ihrer Stirn und genießen Sie die neugewonnene Klarheit. Nehmen Sie wahr, dass jetzt Neues gedeihen kann.
- Kommen Sie aus Ihrer tiefen Entspannung wieder heraus, strecken und dehnen Sie sich und schreiben Sie möglichst Ihre Erfahrungen auf.

Hilfe aus dem Unbewussten

Manchmal lässt sich eine Situation nur schwer klären. Ist man nun eigentlich im Recht oder nicht, muss man einen Schritt auf den anderen zutun, oder ist eigentlich der andere gefragt, muss er oder sie um Verzeihung bitten? Am Beispiel einer Klientin möchte ich beschreiben, wie sie aus dem Unbewussten eine wichtige Botschaft erhielt. Der Ex-Ehemann hatte zusammen mit der neuen Freundin alle gemeinsamen Freunde zu seinem runden Geburtstag eingeladen. Die Frau war gekränkt, als sie zufällig erfuhr, dass selbst ihre Geschwister diese Einladung angenommen hatten, obwohl doch ihrer Meinung nach alle wussten, wie unfair ihr Mann sie behandelt hatte. In ihrem Kopf entstand ein Szenario von Verrat, das ständig wechselnde Gedanken und Gefühle hervorrief. Sie wollte vor allem ihre Schwestern ihre Verletzung spüren lassen, ohne die Schwestern allerdings damit offen zu konfrontieren. Denn dann könnte man sie als kleinlich und engstirnig ansehen, und sie würde vielleicht ihre überlegene Stellung verlieren, die sie in der Familie innehatte. Noch

Wochen nach dem Fest quälte sie die Frage, warum die Eingeladenen ihr nicht wenigstens vorher ehrlich davon erzählt und sie sozusagen »um Erlaubnis« gebeten hatten, mitzufeiern. An einem Tag beschuldigte sie sich deswegen selbst, egoistisch und kleinlich zu sein, am nächsten Tag beschuldigte sie die anderen, sie verraten und gekränkt zu haben. Sie wurde immer unsicherer und zog sich von allen zurück.

Mit Hilfe der nachfolgend beschriebenen Übung gewann sie eine neue Einsicht in die Situation. Das führte zu guten und ausführlichen Gesprächen, in denen sie es schaffte, den anderen ihre Gefühle mitzuteilen. Als die Frau daraufhin sehr viel Wertschätzung erfuhr, merkte sie, dass es ihr jetzt viel leichter fiel zu verstehen, dass andere Menschen den Ex-Ehemann nicht durch ihre Brille sahen und die Freundschaft zu beiden aufrechterhalten wollten.

Die innere Weisheit, die mit Hilfe der nachfolgend beschriebenen Übung gerufen wird, erschien bei dieser Frau in Form der lange verstorbenen und sehr geliebten Großmutter. Wie in einer Art Spiegel tauchte eine Kindheitsszene im Garten der Großmutter auf. Dabei erkannte meine Klientin deutlich, dass ihre Geschwister fast ein wenig Angst vor ihrer Überlegenheit und ihrer scharfen Kritik gehabt hatten. Sie erinnerte sich an Freundinnen, die bei dem schneidenden Ton, den sie manchmal in Auseinandersetzungen anschlug, regelrecht zusammenzuckten. Ihre innere Weisheit in der Gestalt der Großmutter zeigte ihr, dass es anderen Menschen manchmal schwerfallen würde, ihr die Wahrheit zu sagen, aber sie bräuchte trotzdem keine Angst zu haben, die Liebe und Zuneigung anderer Menschen zu verlieren.

Übung: Die innere Weisheit befragen

- Stellen Sie sich einen warmen Sommernachmittag draußen in der Natur vor. Langsam werden Sie sich der Umgebung bewusst: die Luft ist klar, der Himmel tiefblau, Blumen und Wiesen umgeben Sie. Der Wind streicht sanft über Ihr Gesicht. Spüren Sie die Füße auf dem Boden, nehmen Sie wahr, welche Kleidung Sie tragen. Es geht nicht darum, dass Sie alles bildlich erkennen. Schon wenn Sie einfach nur intensiv an eine solche Situation denken, werden Sie ein Gefühl für die Stimmung bekommen, auch wenn Sie kein klares Bild sehen.

- Lassen Sie sich Zeit, bis Sie einen guten Eindruck haben von sich selbst und von dem, was Sie umgibt.

- Ihr Blick fällt auf einen Berg. Er erhebt sich ganz in Ihrer Nähe. Während Sie zum Gipfel schauen, spüren Sie ein Gefühl der Erhabenheit.

- Sie entschließen sich, den Berg zu besteigen. Sie gehen in einen Wald hinein, nehmen das angenehme Aroma der Nadelbäume wahr und spüren die kühle, dämmrige Atmosphäre des Waldes.

- Wenn Sie den Wald wieder verlassen, sehen Sie einen steilen Weg vor sich. Aufwärtssteigend spüren Sie die Anstrengung in Ihren Beinmuskeln und die Energie, die Ihren Körper angenehm anregt.

- Der Weg hört plötzlich auf, und alles, was Sie sehen, sind Felsen und ein schmaler Klettersteig. Während Sie nach oben steigen, merken Sie, wie der Anstieg mühsamer wird. Sie müssen Ihre Hände zu Hilfe nehmen.

- Die Luft wird frischer und dünner. Sie spüren Erhabenheit, die Umgebung ist völlig still.

- Jetzt führt Sie der Aufstieg in eine Wolke. Alles sieht neblig aus, es ist nichts zu erkennen. Sie gehen behutsam weiter.
- Plötzlich lichtet sich der Nebel, und Sie können klar sehen.
- Nach einer Weile langsamen Gehens sind Sie auf einem schmalen Berggrat angekommen. Die Stille ist vollkommen.
- In einiger Entfernung sehen Sie jemanden. Sie spüren sofort, dass es eine weise und liebevolle Person ist, die bereit ist, Ihnen zuzuhören und auf Ihre Fragen zu antworten.
- Zunächst können Sie diese Person nur als leuchtenden Punkt sehen. Vielleicht bleibt es auch eine lichtvolle Gestalt, vielleicht können Sie beim Näherkommen die Person genauer erkennen. Es kann sein, dass Sie die Person kennen oder sich von ihr an jemanden erinnert fühlen.
- Sie spüren die Gegenwart dieser Person, die liebende Wärme, die von ihr ausströmt, während sie immer näher kommt.
- Nun stehen Sie sich gegenüber, Sie sehen der weisen Person in die Augen, die tief und alt und wissend sind.
- Jetzt können Sie Ihre Fragen stellen oder einfach nur darauf hören, was die Person Ihnen zu der Situation, um die es geht, zu sagen hat.
- Sie können fragen, warum Ihnen diese Kränkung oder Verletzung widerfahren ist oder wie Sie mit der Person umgehen könnten, die Ihnen verzeihen sollte oder der Sie verzeihen möchten.
- Sie werden eine Antwort bekommen, vielleicht ein Wort, einen Satz, ein Bild oder ein Symbol. Nehmen Sie

alles an, auch wenn Sie es im Moment noch nicht verstehen.

- Nachdem Sie sich verabschiedet haben, machen Sie sich langsam auf den Rückweg, kommen vom Berg wieder herunter und gelangen in das Tal, in dem Ihr Weg begonnen hat.
- Lassen Sie das Erlebte noch eine Zeitlang auf sich wirken, spüren Sie nach, welche Botschaft, welche Antwort Sie auf Ihre Fragen bekommen haben.

Verzeihen ist in allererster Linie notwendig, um die eigene körperliche und seelische Gesundheit nicht zu gefährden, denn Groll und Verbitterung, Hass und Wut oder auch nur die ständig um das Thema kreisenden Gedanken machen auf Dauer krank und verhindern echte Beziehung. Wir werden misstrauisch und verschließen uns, wenn wir das Bedürfnis und die Notwendigkeit des Verzeihens verdrängen. Es geht beim Verzeihen um das eigene Glück und um den eigenen Seelenfrieden genauso wie um das Glück und den Seelenfrieden der anderen.

Mit Hilfe der nachfolgenden Übung schaffen Sie sich einen inneren Kraftplatz, den Sie immer aufsuchen können, wenn Sie jemanden um Verzeihung bitten, sich selbst verzeihen oder anderen verzeihen möchten. Sie werden erleben, dass es Ihnen sehr viel leichter gelingt, wenn Sie in Verbindung mit Ihrer Seelenkraft sind, an die Sie in diesem inneren Tempel angeschlossen sind.

Übung: Den inneren Tempel aufsuchen

- Setzen oder legen Sie sich bequem hin und schließen Sie die Augen. Atmen Sie einige Male tief und gleichmäßig ein und aus. Lassen Sie sich mit jedem Atemzug tiefer in die Unterlage einsinken, wie in warmen, weichen Sand.

- Stellen Sie sich vor Ihrem inneren Auge die Zahl Drei vor, dann die Zahl Zwei und die Zahl Eins. Während Sie von zehn bis eins zählen, gehen Sie eine imaginäre Treppe nach unten und entspannen sich dabei tiefer und tiefer.

- Stellen Sie sich jetzt einen idealen Entspannungsplatz vor und entspannen Sie sich noch tiefer.

- Vor Ihrem inneren Auge taucht ein Weg auf. Sie gehen auf diesem Weg und nehmen alles rundherum wahr. In der Ferne sehen Sie einen Regenbogen. Je näher Sie kommen, umso strahlender erscheinen die Farben: Rot, Orange, Gelb, Grün, Blau, Violett. Sie wählen eine Farbe aus dem Spektrum aus, umhüllen Ihren Körper damit und füllen, wenn es Ihnen angenehm ist, auch das Innere des Körpers mit dieser strahlenden Farbe. Sie setzen Ihren Weg fort und sehen jetzt in der Ferne einen Tempel oder eine Kirche. Je näher Sie kommen, umso klarer erkennen Sie das Gebäude. Sie gehen auf die Tür zu, öffnen sie und betreten einen sakralen Raum, Ihr eigener innerer Tempel. In der Mitte des Raumes erkennen Sie einen leuchtenden Stein, einen Bergkristall oder einen Amethyst. Von ihm geht eine magische Kraft aus. Sie treten näher, berühren den Stein und lassen sich von seiner Kraft aufladen. Vielleicht befinden sich noch andere Gegenstände in Ihrem inneren Tempel:

ein Kreuz, ein Marienbild, ein Buddha oder Ihr innerer-Geistführer oder Schutzengel. Sie fühlen sich energetisiert und kraftvoll in diesem inneren Raum der Stille. Verbinden Sie sich mit der geistigen Kraft, die Sie hier empfinden. Bleiben Sie so lange es für Sie wichtig und angenehm ist. Verabschieden Sie sich dann, verlassen Sie den Raum, schließen Sie sorgfältig die Tür und gehen Sie bedächtig Ihren Weg zurück. Zählen Sie langsam von eins bis zehn und gehen Sie auf Ihrer imaginären Treppe wieder nach oben.

- Spüren Sie Ihren Körper bewusst auf der Unterlage liegen oder sitzen. Bewegen Sie sich, gähnen und strecken Sie sich und öffnen Sie die Augen.

Der Schweizer Psychologe C. G. Jung verstand das Unbewusste als ein riesiges Reservoir, in dem sich nicht nur alle unsere vergessenen und verdrängten Bewusstseinsinhalte befinden, sondern auch diejenigen, die nie bewusst waren und die wir infolgedessen auch nicht kennen. Hier im Verborgenen liegen nichtgeweckte Kräfte, nichtentwickelte Talente und nichterkanntes Weisheitspotenzial. Um diesen Schatz zu heben, empfahl Jung Imagination und Visualisierung. Auch wenn Übungen wie die oben beschriebene nicht sofort den ganz großen Erfolg bringen, sollten Sie weiterüben. Wiederholen Sie den Weg ins Unbewusste an einem anderen Tag und zu einer anderen Tageszeit, stimmen Sie sich mit Musik ein oder wählen Sie einen vielleicht ruhigeren Platz in Ihrer Wohnung. Sie werden Antworten bekommen, von denen Sie vielleicht völlig überrascht sind, weil Sie zum Beispiel nie bewusst so gedacht haben und/oder nie eine solche Konfliktlösung ins Auge gefasst haben.

Manche Kränkungen besetzen in unserer Vorstellung einen immens großen Raum. Damit haben sie oft einen viel zu großen Stellenwert im Leben und bestimmen unser Denken und Handeln. Wollen wir die damit verbundenen negativen Gedanken und Gefühle wegschieben, nehmen sie nicht selten an Umfang zu. An Verzeihen ist dann nicht mehr zu denken. Gelingt es uns, dem Vorfall seine überdimensionale Größe zu nehmen, fühlen wir uns wie befreit und können unser Herz wieder öffnen.

Wenn Sie die nachfolgende Übung durchführen, werden Sie vielleicht feststellen, dass damit nicht nur Ihr Problem kleiner erscheint, sondern Sie selbst sich demgegenüber größer und damit weniger ohnmächtig fühlen.

Übung: Zoomen

- Setzen oder legen Sie sich bequem hin, schließen Sie die Augen und lenken Sie die Aufmerksamkeit auf den Atem.
- Beobachten Sie Ihren Atem, bis er ruhiger und gleichmäßiger wird und Sie die Entspannung im Körper fühlen können.
- Zählen Sie von zehn bis eins und gehen Sie in Ihrer Vorstellung eine Treppe langsam nach unten.
- Unten angekommen, stellen Sie sich einen Entspannungsplatz vor, an dem Sie sich sicher und geborgen fühlen.
- Lassen Sie nun vor Ihrem inneren Auge die Situation entstehen, in der Sie gekränkt oder verletzt wurden.
- Lassen Sie die Situation in Ihrer Vorstellung kleiner werden. Alle damit verbundenen Personen werden ebenfalls kleiner.

- Betrachten Sie jetzt das Ganze aus dieser neuen Perspektive, nehmen Sie alle Gefühle und Gedanken dazu wahr. Verändern Sie die Situation so, dass Sie das Gefühl haben, es ist kein übermächtiges Geschehen, sondern etwas, mit dem Sie umgehen können.
- Behalten Sie dieses neue Bild gut im Gedächtnis, wenn Sie jetzt Ihren Entspannungsplatz verlassen und die Treppe langsam wieder Stufe für Stufe nach oben gehen, während Sie von eins bis zehn zählen.
- Öffnen Sie die Augen und erinnern Sie sich noch einmal an die Situation in ihrer neuen Größe. Malen Sie ein Bild oder schreiben Sie sich ein paar Zeilen auf.

Sie können auf diese Weise alles verkleinern, was Ihnen Angst macht oder Sie zu überwältigen droht.

Manchmal muss ein Problem nicht nur verkleinert werden, sondern es ist erforderlich, sich ganz davon zu lösen, wenn es einem nicht alle Lebensfreude nehmen soll, zum Beispiel, wenn wir einen Fehler nicht mehr gutmachen, etwas Schwerwiegendes nicht mehr rückgängig machen können, weil vielleicht der Betreffende nicht mehr lebt. Manchen Menschen hilft es, sich an Gott oder ein höheres Wesen zu wenden mit der Bitte um Verzeihung. Die nachfolgende Yoga-Übung kann sehr hilfreich sein, um sich von Gefühlen und Gedanken zu lösen und sich auf ein inneres Zentrum zu besinnen, das nicht nur diese schmerzhaften und schattenhaften Seiten enthält, sondern auch die lichten und hellen. So können wir uns von körperlichen Schmerzen, von heftigen emotionalen Bewegungen und vor allem von belastenden Gedanken lösen, vor allem dann, wenn es keinen anderen Weg der Auflösung gibt. Aber auch in einem Verzeihensprozess kann diese Übung hilfreich sein, weil wir erst, wenn uns negative Gedanken nicht mehr im Griff haben, frei über unsere Handlungen entscheiden können.

Mit Hilfe der Übung können Sie erfahren, dass Sie vielleicht ein anderer Mensch auf körperlicher oder emotionaler Ebene gekränkt oder verletzt hat, dass aber niemand Ihr wirkliches Wesen, oder wie Jung es nennt, das innere Selbst, zerstören kann. Auch wenn das zunächst theoretisch klingt, bringt die Übung doch in den allermeisten Fällen, vor allem wenn sie über einige Wochen regelmäßig durchgeführt wird, eine spürbare Erfahrung dieses inneren Kerns, der wie ein Fels in der Brandung steht.

Übung: Des-Identifikationsübung

Wählen Sie Ihr eigenes Thema: Sie können die Formulierung die Gefühle betreffend verändern, je nachdem was Sie gerade bewegt (Ärger, Groll, Verletzung – was auch immer).

Sorgen Sie dafür, dass Sie für einige Zeit ungestört sind. Setzen oder legen Sie sich bequem hin. Lenken Sie Ihre Aufmerksamkeit auf den Atem. Wenn der Atem gleichmäßig und ruhig fließt, beginnen Sie, nachfolgende Sätze in Ihrem Inneren zu sprechen.

- Ich habe einen Körper, aber ich bin nicht nur mein Körper. Mein Körper mag sich in verschiedenen Zuständen der Gesundheit oder Krankheit befinden, er mag ausgeruht oder müde oder sogar verletzt worden sein, aber mein wahres Selbst ist davon nicht berührt.

- Ich schätze meinen Körper als kostbaren Ort der Erfahrung und der Tätigkeit in der äußeren Welt, aber er ist nur mein Gefährt für diese Reise. Ich habe einen Körper, aber ich bin nicht mein Körper.

- Ich habe Gefühle, aber ich bin nicht meine Gefühle. Meine Gefühle sind verschiedenartig, sie wechseln und manchmal widersprechen sie sich. Sie mögen von Liebe zu Hass, von Gelassenheit zu Ärger, von Freude zu Leid übergehen, und trotzdem ändert sich mein Wesen, meine wahre Natur nicht. »Ich« bleibe unverändert. Auch wenn mich momentan eine Welle des Ärgers, das Gefühl von Verletzung oder Schuldgefühle überfluten, so weiß ich, dass es vorübergeht, folglich bin ich nicht diese Gefühle. Ich habe Gefühle, aber ich bin nicht meine Gefühle.

- Ich habe einen Verstand, aber ich bin nicht mein Verstand. Mein Verstand ist ein wertvolles Werkzeug der Erkenntnis und des Ausdrucks, aber er ist nicht mein Wesen, mein Sein. Meine Gedanken wechseln, und manchmal beschließt mein Verstand, vor allem an negative Dinge, an Kränkungen und Verletzungen zu denken. Oft weigert sich der Verstand, mir zu gehorchen, deshalb kann er nicht mein Selbst sein. Er ist ein Organ des Erkennens, sowohl für die äußeren wie für die inneren Welten, aber er ist nicht mein Selbst. Ich habe einen Verstand, aber ich bin nicht mein Verstand.

- Ich bin mehr als mein Körper, meine Gefühle und mein Verstand. Ich bin, die ich bin (ich bin, der ich bin). Ich bin reines Selbst, schöpferische dynamische Energie. Ich weiß, dass ich von diesem Zentrum der wahren Identität lernen kann, alle körperlichen und geistig-seelischen Vorgänge zu beobachten, zu lenken und zu harmonisieren. Ich will mitten in meinem täglichen Leben ruhig und gelassen bleiben und frei dafür werden, mein Leben aus meinem inneren Selbst heraus zu lenken.

Sie können diese Übung immer mehr erweitern, indem Sie sich zum Beispiel sagen, dass Sie zwar Fehler machen, Schwächen haben, andere verletzen und vieles mehr, aber dass Sie mehr sind als das, nämlich auch liebevoll, mitfühlend, fürsorgend und vieles mehr. So erweitern Sie Ihr Bewusstsein immer mehr in Richtung des ganzen Menschen mit allen Licht- und Schattenseiten.

Nicht immer ist es der richtige Weg, anderen schnell zu verzeihen, besonders wenn wir zu der Gruppe Menschen gehören, die in einer Art vorauseilenden Gehorsams die Schuld auf sich zu nehmen bereit sind, bevor die Situation ganz klar ist. Solchen Menschen fällt es meistens leichter, anderen zu verzeihen als sich selbst diese Bereitschaft entgegenzubringen. Wenn Sie sich hier wiedererkennen, möchten Sie sich vielleicht mit Hilfe der nachfolgenden Übung erst einmal selbst Wertschätzung und Zuneigung entgegenbringen, bevor Sie sich anderen zuwenden. Die Übung unterstützt Sie dabei, mit Ihrem inneren Kern in Kontakt zu kommen und damit ein gesundes Selbstbewusstsein zu stärken. So können Sie leichter entscheiden, ob es darum geht, einen anderen um Verzeihung zu bitten, oder ob es nicht der andere Mensch ist, der Sie um Verzeihung bitten sollte.

Übung: Sieh dich schön

- Setzen oder legen Sie sich entspannt hin. Wählen Sie zum Beispiel ein entspannendes Musikstück und lassen Sie eine angenehme Umgebung vor Ihrem inneren Auge erscheinen.

- Lassen Sie das Bild von Ihnen selbst auftauchen, das Sie am liebsten mögen, in der Kleidung, in der Sie sich gerne sehen.

- Stellen Sie sich vor, Sie hätten eine Art Röntgenblick, mit dessen Hilfe Sie die positiven Anteile in sich erkennen können, die normalerweise verborgen sind. Versuchen Sie so viel wie möglich zu finden, was Ihnen an sich gefällt: Ihr Lächeln, eine bestimmte Haltung oder ein Blick, Ihr Verhalten anderen Menschen gegenüber, eine Art zu denken usw.

- Oder erkennen Sie in sich das kleine Kind, das versucht hat, mit allen möglichen Aktionen Aufmerksamkeit und Liebe zu bekommen. Schauen Sie noch tiefer und entdecken Sie die Schönheit und die Verletzlichkeit des kleinen Kindes. Fragen Sie das Kind, was es jetzt von Ihnen möchte.

- Versuchen Sie auf diese Weise, die verborgene Schönheit, die Liebenswürdigkeit, die Kraft und den Mut in sich zu entdecken.

Die Verbindung vom Verzeihen auf der Mentalebene zum Verzeihen auf der Gefühlsebene könnten Sie mit der nachfolgenden Übung herstellen. In der Yoga-Lehre übernehmen die sogenannten Chakras die Aufgabe, eine Verbindung zwischen den einzelnen Ebenen herzustellen.

Diese Energieräder beschreiben die Yoga-Schriften als Organe des feinstofflichen Körpers, der unseren materiellen Körper umgibt. Sie wirken wie Schaltstellen oder Transformatoren für den Energiefluss auf körperlicher, emotionaler und mentaler Ebene.

Jedem Energiezentrum werden Farben und Töne (z. B. die Vokale) zugeordnet.

Wurzel-Chakra *(Muladhara-Chakra)* – an der Basis der Wirbelsäule, wirkt auf Keimdrüsen, Ausscheidungsorgane

Thema: Urvertrauen, Verbindung zur Erde, Natur, Recht auf eigenes Leben

Sakral-Chakra *(Svadhistana-Chakra)* – im Kreuzbeinbereich, wirkt auf Nebennieren und Unterleibsorgane

Thema: Selbstachtung, Anziehung, Sexualität

Nabel-Chakra *(Manipura-Chakra)* – im Nabelbereich, wirkt auf Bauchspeicheldrüse, Milz, Sonnengeflecht, Magen, Leber, Galle

Thema: die eigene Persönlichkeit entwickeln, zu den eigenen Gefühlen stehen

Herz-Chakra *(Anahata-Chakra)* – im Herzbereich – Keimsilbe YAM – wirkt auf Thymusdrüse, Herz- und Kreislaufsystem, Blut, Lungen

Thema: Selbstliebe, Nächstenliebe – Ort der Integration der »niederen« Triebe und »höheren« Bestrebungen

Kehlkopf-Chakra *(Vishudda-Chakra)* – im Kehlkopfbereich, wirkt auf Schilddrüse, Nebenschilddrüse, Stoffwechsel, Hals, Nase, Ohren, Sprache

Thema: Kunst der Rede, Kunst des Zuhörens, Wahrheit

Hier geht es um Selbstausdruck und um wahrhaftige Kommunikation

Stirn-Chakra *(Ajna-Chakra)* – zwischen den Augen, wirkt auf das vegetative Nervensystem
Thema: Beherrschung der Willenskraft, Unterscheidungsfähigkeit, Verantwortung

Scheitel-Chakra *(Sahasrara-Chakra)* – am Scheitel, wirkt auf Zirbeldrüse, Gehirn, Atemsystem, Nerven
Thema: Das Verschmelzen der individuellen Seele mit Gott, der Zustand des Einsseins mit allen Wesen

Übung: Die Kristallpyramide

Nehmen Sie eine aufrechte Sitzhaltung ein, die Füße stehen fest am Boden, die Augen sind geschlossen.

- Lenken Sie die Aufmerksamkeit auf den Atem und vertiefen Sie das Ausatmen, dabei entspannen Sie sich immer mehr.
- Zählen Sie langsam von zehn bis eins, und gehen Sie in Ihrer Vorstellung eine Treppe nach unten, bis Sie zu Ihrem idealen Entspannungsplatz gelangen.
- Entspannen Sie sich, während Sie alles um sich herum genau wahrnehmen: Bilder, Geräusche und vielleicht sogar Gerüche.
- Stellen Sie sich über Ihrem Scheitel eine Kristallpyramide vor, die ganz mit Licht erfüllt ist.
- Lenken Sie Atem und Bewusstsein in Ihr Wurzelchakra, tönen Sie siebenmal ein tiefes UUU und stellen Sie sich rote Farbe vor. Gehen Sie weiter zum Vital- oder Sexu-

alchakra, tönen Sie ein OOO (wie bei Mond) und stellen Sie sich orange Farbe vor. Im Bereich des dritten Chakras, des Solarplexus, tönen Sie mit der Vorstellung von gelber Farbe ein OOO (wie bei Sonne), dann im Bereich des Herzchakras mit der Vorstellung von grüner Farbe ein AAA. Erfüllen Sie das Kehlchakra mit hellem Blau und tönen Sie siebenmal EEE, im Bereich des Dritten Auges mit dunkelblauer Farbe ein III, erfüllen Sie das Scheitelchakra mit OM und violetter Farbe.

- Gehen Sie wieder zurück ins Wurzelchakra an der Basis der Wirbelsäule und stellen Sie sich eine rechtsdrehende Lichtspirale vor, die sich langsam in der Mitte der Wirbelsäule bis nach oben zum Scheitelchakra bewegt.

- Die Lichtspirale bewegt sich über den Scheitel hinaus nach oben und verbindet sich mit der Lichtpyramide, aus der unaufhörlich Licht in Ihren Körper strömt. Verbunden mit diesem Licht strömt göttliche Weisheit und Liebe aus der Lichtpyramide über die Spirale nach unten in Ihren Körper.

- Lassen Sie jetzt in dieser Kristallpyramide über Ihrem Scheitel die Menschen auftauchen, denen Sie verzeihen möchten oder von denen Sie Verzeihung erlangen möchten.

- Halten Sie das Bild und Ihre Bitte um Verzeihung so lange fest, bis es sich in Licht auflöst, dann ist der Prozess abgeschlossen, und Sie können einen anderen Menschen auftauchen lassen.

- Stellen Sie sich die Pyramide noch einmal deutlich vor, bevor Sie das Bild loslassen. Bleiben Sie noch in dieser inneren Wahrnehmung des Lichts und der Weisheit, die durch Sie strömt. Vielleicht bekommen Sie Informationen, die Ihnen Hinweise für Ihr Leben geben.

- Zentrieren Sie sich am Ende im Herzchakra, kehren Sie in die Geborgenheit Ihres Entspannungsplatzes zurück und beenden Sie diese Visualisierungsübung, indem Sie langsam von eins bis zehn zählen und Ihre innere Treppe wieder nach oben steigen.
- Öffnen Sie die Augen, legen Sie die Handflächen vor der Brust aneinander und neigen Sie die Stirn zu den Fingerspitzen.

Die Verbindung vom Verzeihen auf der Mentalebene zum Verzeihen auf der körperlichen Ebene könnten Sie mit der nachfolgenden Übung herstellen:

Yoga-Übung: Demütige Haltung oder Haltung des Kindes

Diese Übung wird auch als »Eingerolltes Blatt« bezeichnet. Alle drei Begriffe stehen für das vertrauensvolle Loslassen und Geschehenlassen. Auch wenn »Demut« eher negativ besetzt ist, zeigt sie doch wertvolle menschliche Eigenschaften: das Loslassen und Nachgeben und die Bereitschaft, die eigenen Grenzen zu erkennen und sie auch einzugestehen. Die Demut ist sehr hilfreich, wenn wir unrechtes Denken und Tun eingesehen haben und als nächsten Schritt einen anderen Menschen um Verzeihung bitten möchten.

- Setzen Sie sich in den Fersensitz, dehnen Sie mit beiden Händen die Waden etwas nach außen, so dass Sie bequem sitzen können. Die Fußspitzen berühren sich, die Fersen fallen auseinander, die Füße bilden eine Art

Schale. Sollte es Ihnen unangenehm sein, auf den Unterschenkeln zu sitzen, legen Sie ein Kissen dazwischen.

- Kommen Sie dann mit der Stirn langsam zum Boden (auch hier können Sie etwas unterlegen, wenn Sie zu viel Druck auf dem Kopf verspüren), die Arme liegen dabei neben dem Körper, die Hände zeigen zu den Füßen, die Handflächen schauen nach oben.
- Atmen Sie tief und regelmäßig und versuchen Sie, den Atem im ganzen Becken- und Bauchraum zu spüren.
- Als Variante können Sie die Arme nach vorne strecken und mit den Handflächen zum Boden ablegen.
- Bleiben Sie so lange in dieser Haltung, wie es Ihnen angenehm ist. Stellen Sie sich dabei den Menschen vor, den Sie um Verzeihung bitten möchten.

Das Gebet

Zu allen Zeiten und in allen Kulturen wendeten sich Menschen an eine Intelligenz oder Macht, die sie als größer als die eigene Person empfanden. Das Gebet war und ist der Weg, um mit dieser höheren Kraft in Verbindung zu treten. Gebete an die große Mutter Natur, den großen Geist, Brahma, Shiva, Gott oder Allah dienen dazu, Hilfe und Schutz zu erbitten, Rettung in Notsituationen. Nicht nur im Vaterunser, sondern auch in den jüdischen und islamischen Gebeten spielt die Bitte um Verzeihung eine große Rolle. Stets haben Menschen sich mit der Bitte um Verzeihung an ein göttliches Wesen gewendet, wenn es niemanden mehr gibt, der eine unrechte Tat verzeihen kann.

Auch wenn es für viele Menschen heute nicht ganz leicht sein mag, sich ein solches »göttliches Wesen« vorzustellen, das die menschlichen Gebete erhört, muss auch der aufgeklärte Mensch einräumen, dass es mehr gibt als ihn selbst, zumindest eine höhere Intelligenz.

Nicht selten erlebe ich, dass Menschen gerade bei dem Thema Verzeihung mit dem Gebet in Kontakt kommen. Ein Begriff wie »Gott«, den sie vorher als leeres Wort empfunden haben, wird plötzlich zur lebendigen Erfahrung. Wenn Menschen sehr verzweifelt in meine Praxis kommen und Rat suchen, weil sie mit ihren Schuldgefühlen alleine nicht mehr fertig werden, empfehle ich oft das Gebet, selbst wenn jemand zunächst dafür nicht offen zu sein scheint. Aus Erfahrung weiß ich, dass das Gebet dennoch die entscheidende Hilfe im Verzeihensprozess sein kann, und zwar unabhängig davon, ob es darum geht, dass man jemandem nicht verzeihen kann oder dass man selbst Verzeihung möchte. Viele Menschen haben mir davon berichtet, dass sie sich in Zeiten größter Verzweiflung an ein Gebet aus ihrer Kindheit erinnert und dadurch eine Stärkung erfahren zu haben. Bereits in den ältesten Schriften der Menschheit wird auf die Bedeutung von allgemeingültigen Gebeten hingewiesen. Diese oft millionenfach wiederholten Worte sind wie aufgeladen mit Energie und damit sofort wirksam, wenn wir sie sprechen. Aber auch selbstformulierte Gebete haben ihre Wirkung und manchmal sogar mehr Kraft, weil sie direkt aus dem Herzen kommen.

Allerdings ist es mit dem Gebet wie mit vielen anderen Dingen im Leben: Niemand kann wirklich beschreiben, wie es ist, in taufrische Erdbeeren zu beißen, man muss es selbst probieren, erst dann weiß man genau, wie sie schmecken.

Wie Sie vorgehen sollten:

Machen Sie sich zunächst bewusst, an wen oder was Sie Ihr Gebet richten möchten. Wenn Sie eine religiöse Verbindung haben, dürfte das nicht schwer sein. Ansonsten versuchen Sie zu spüren, ob die Große Mutter, die Natur, die Kosmische Intelligenz oder was auch immer ein Ansprechpartner für Sie wäre.

Entscheiden Sie sich, ob Sie ein bereits formuliertes Gebet wie das Vaterunser sprechen, in dem die Bitte um Vergebung bereits enthalten ist, oder ob Sie ein eigenes Gebet wählen möchten.

Wichtig ist, dass Sie das Gebet mit Hingabe sprechen und sich wenn möglich Zeit dafür lassen, um nicht nur selbst zu sprechen, sondern anschließend auch zu hören. Es ist nicht wichtig, ob und wie oft Sie ein Gebet wiederholen. Auf die Hingabe, die »Inbrunst«, kommt es an. Oft berichten Menschen, dass sie sich durch das Beten und Bitten um Verzeihung nicht nur getröstet gefühlt hätten, sondern anschließend ganz klar wussten, was zu tun sei. So gesehen ist Beten keine Einbahnstraße vom Menschen zur höheren Macht, sondern ein Zwiegespräch, eine Beziehung, die durch das Beten hergestellt wird.

Zusammenfassung

- Verzeihung auf der mentalen Ebene, das heißt die Entscheidung zur Verzeihung, ist die Voraussetzung für die anderen Ebenen.
- Innere Selbstgespräche über das Thema Verzeihung und diesbezügliche negative Gedanken zeigen, dass es notwendig ist, Klarheit zu schaffen. Dazu gehört, sich über die eigenen Gefühle und über mögliche körperliche Beschwerden, die in Zusammenhang mit Verzeihung stehen könnten, bewusst zu werden.

Wie sich gelungene Verzeihung zeigt

Verzeihung ist nur gelungen, wenn sie auf allen drei Ebenen spürbar wird.

Bildlich können wir uns vorstellen, dass Verzeihung im Kopf beginnt, im Herz weitergeführt wird und schließlich in der Realität, im Körper, umgesetzt wird. Für die Umsetzung eines geistig-seelischen Prozesses dienen von jeher Übungen und Rituale, die Sie übrigens gerne häufiger durchführen können. Mit einem Verzeihensritual oder einer entsprechenden Übung wird das Verzeihen nicht nur vorbereitet, sondern schon im Inneren vollzogen und damit wirksam. Im nächsten Schritt kann dann ein Versöhnungsritual folgen.

Verzeihung ist dann gelungen, wenn wir uns dem anderen Menschen gegenüber frei fühlen. Das kann bedeuten, dass wir den Kontakt weiterhin pflegen, jetzt aber mit mehr Offenheit und auch mit mehr Sensibilität uns selbst und dem anderen begegnen, damit Verletzungen nicht mehr so leicht vorkommen. Dabei ist es wichtig, nicht davon auszugehen, dass das Vorgefallene niemals mehr passieren kann, sondern in Betracht zu ziehen, dass der Mensch neben allen Stärken auch schwach und fehlbar ist. Zu einer gelungenen Verzeihung gehört demnach, dass wir bereit sind, uns immer wieder dafür zu öffnen. Verzeihung kann aber auch gelungen sein, wenn wir uns entschließen, die Beziehung nicht weiterzuführen, weil wir dem anderen nicht mehr wirklich vertrauen können oder weil wir realisiert haben, dass wir nicht zusammenpassen. Wenn die Verzeihung gelungen ist, können wir den anderen ohne

Groll und Ärger loslassen. So sind wir frei, unseren Weg ohne ihn weiterzugehen.

Wenn diese Trennung nicht möglich ist, wird unsere Bereitschaft zur Verzeihung wohl immer wieder notwendig sein, um aus einer zunächst nicht selbstgewählten Gemeinschaft (wie zum Beispiel Mutter und Tochter oder Schwiegertochter) eine gute werden zu lassen. Hier bewährt es sich besonders, wenn wir um Hilfe »von oben« und um Unterstützung aus der geistigen Welt bitten.

Verzeihung ist gelungen, wenn sie spürbar ist, wenn wir die Gegenwart des anderen Menschen nicht mehr als beklemmend oder unangenehm empfinden, sondern im Gegenteil sogar fähig sind, den anderen zu berühren, zu umarmen oder sogar »ins Herz zu schließen«. Das indische Sprichwort »Der Körper ist der Ort der Wahrheit« drückt dies treffend aus. Der Kopf kann nämlich längst verziehen haben, aber der Körper, der die tiefen Gefühle ausdrückt, fühlt sich nicht wohl in der Gegenwart des Menschen, der Sie verletzt oder den Sie verletzt haben. In diesem Fall bedeutet es, dass der Verzeihensprozess noch nicht abgeschlossen ist.

Verzeihung ist gelungen, wenn sich keiner als Unterlegener oder Überlegener, der wieder einmal seine Großzügigkeit gezeigt hat, empfindet. Verzeihung ist gelungen, wenn Sie sich freuen bei der Nachricht, dass es dem Menschen, der Sie so verletzt und gekränkt hat, gutgeht oder dass er besonderes Glück hatte.

Eine Frau, deren Mann sie und ihre zwei Kinder quasi von heute auf morgen verlassen hatte, erzählte mir, wie schwer es ihr gefallen sei, ihm diesen »Verrat« zu verzeihen. Er hatte sich in eine zehn Jahre jüngere Frau verliebt und war auch gleich in deren Wohnung gezogen. Lange hatte sie gehadert mit ihrem Ärger und ihren Hassgefühlen. Eines Tages wachte sie mit dem sicheren Gefühl auf, dass sie den Mann jetzt losgelassen habe, und sie wünschte sich, dass es ihm gutgehe. Wenig später erfuhr sie, dass die neue Lebensgefährtin ihres Mannes an einer schweren Krebserkrankung litt, deren Ausgang von den Ärzten als wenig hoffnungsvoll bezeichnet wurde. Sie spürte aufrichtiges Mitgefühl mit der fremden Frau und ihrem Mann. Als sie es ihm gegenüber zum Ausdruck brachte, zeigte er tiefe Dankbarkeit. Jetzt wussten sie beide, dass die Verzeihung gelungen war und das Vergangene für sie ein großer Schatz bleiben würde, ganz egal, wie ihr Leben weiter verlaufen würde.

Die Verzeihung, die auf mentaler, emotionaler und körperlicher Ebene geschieht, bringt uns in Verbindung mit der Wahrheit hinter allen Religionen, nämlich dass wir alle untrennbar miteinander verbunden sind und das Wohl des Einzelnen immer mit dem Wohl des Ganzen verbunden ist.

Die Frage, wie man erkennt, ob Verzeihung gelungen ist, stellt sich vor allem dann, wenn es keine Gelegenheit mehr gibt, mit dem anderen Menschen zu sprechen, weil der Kontakt völlig abgebrochen ist und der andere nicht mehr aufzufinden oder gestorben ist. Wie können Menschen, die etwas Grauenvolles wie vielleicht sogar den Holocaust oder ein Attentat überlebt haben, je herausfinden, ob sie wirklich verziehen haben?

Menschen, denen etwas Derartiges widerfahren ist und die es geschafft haben, zu verzeihen, sprechen davon, dass sie es gespürt haben, dass sie sich innerlich wieder frei gefühlt haben. Vor allem konnten sie ihre Gefühle wieder wahrnehmen, vor denen sie sich lange Zeit geschützt hatten. Ein Mann, der seine Frau durch einen Unfall verloren hatte, konnte dem Autofahrer, der schuld daran war, nach langer Zeit verzeihen. Das Gefühl beschrieb er so: »Es war, als sei ich lange mit einem Panzer um meine Brust herumgelaufen, der nun plötzlich aufging. Ich konnte wieder weinen und lachen und ich empfand plötzlich ein tiefes Mitgefühl für diesen Menschen.«

Verzeihung ist gelungen, wenn sich das Herz wieder frei fühlt, nicht mehr beengt und verhärtet, um sich vor verletzten Gefühlen zu schützen.

Menschen, denen es gelungen ist, wirklich zu verzeihen, beschreiben das anschließende Gefühl als befreiend, leicht und glücklich. Einige haben mir erzählt, dass sie das Gefühl hatten, eine Zentnerlast falle von ihnen ab, andere erlebten, wie sie plötzlich wieder richtig durchatmen konnten. Eine Frau beschrieb mir ihre Stimmung nach einem befreienden und verzeihenden Gespräch wie die eines Kindes. Sie wollte auf einem Bein hüpfen, singen und jeden Menschen anlächeln. »Es schien mir, als sei ich nach einiger Zeit des Ausgegrenztseins wieder in die menschliche Gemeinschaft aufgenommen«, erklärte sie, nachdem ihre beste Freundin ihr verzieh, dass ausgerechnet sie sich in ihren Mann verliebt hatte. Monatelang hatte sie diese Last mit sich herumgetragen. Am Ende lagen sie sich in den Armen, weinten und lachten miteinander und hatten beide das Gefühl, »ein Stück weitergekommen zu sein auf dem Weg zur echten Menschlichkeit«.

Versöhnung als sichtbarer Ausdruck

Versöhnung ist in der Regel der letzte Schritt des Verzeihensprozesses. Während man in jedem Fall die ersten Schritte allein gehen und sich selbst und anderen verzeihen kann, kann Versöhnung nur in der Begegnung stattfinden. Versöhnung setzt voraus, dass alle Schritte des Verzeihens gegangen und verinnerlicht wurden, man sich über die Motive klargeworden ist und die Kraft zur Versöhnung spürt. Weil gerade das Vertrauen in die eigene Kraft fehlt, bleibt häufig auch nach einer gelungenen Verzeihung die Versöhnung aus. Man hat Angst, dem anderen Menschen zu begegnen und sich wieder in einem alten Muster zu verfangen und wieder verletzt zu werden. Alle beteiligten Parteien müssen bereit oder zumindest gewillt sein, einen Neuanfang zu wagen.

Versöhnung gelingt nicht, wenn man vorschnell den anderen dazu bewegen will, zum Beispiel um die eigene innere Spannung, das eigene Schuldgefühl abzubauen oder die unangenehme Situation schnell hinter sich zu bringen.

Falls wir die Gefühle von Scham und Reue zulassen, wenn wir einen anderen Menschen verletzt haben, brauchen wir ihm nicht wortreich unsere Gründe zu erklären. Es reicht, wenn wir ihn um Verzeihung bitten und zuhören, was der andere uns zu sagen hat. Aber häufig halten wir gerade dieses bedrückende Gefühl des Schuldig-geworden-Seins nicht aus und versuchen, oberflächlich darüber hinwegzugehen. Lassen wir uns allerdings darauf ein, können wir nicht nur lernen, Spannungen auszuhalten und dadurch konfliktfähiger und mutiger werden, sondern werden beim anderen beim Thema Versöhnung auf offenere Ohren stoßen. Statt zu konventionellen Gesten erstarrt, werden die offenen Arme, der Kuss auf die Wange oder das verzeihende Lächeln dann zu echten Gesten der Versöhnung.

Zusammenfassung

Sich selbst oder anderen zu verzeihen kann auch »im stillen Kämmerlein« erfolgen.
Konkrete Schritte auf andere zu ist der Weg zur Versöhnung.

- Die Ängste, die uns von diesem Schritt abhalten können, sind unter anderem die Angst, zu erkennen, doch nicht wirklich verziehen zu haben, und erneut in Ärger oder Trauer zu verfallen, oder die Angst, nach kurzer Zeit in das alte Muster zurückzufallen und sich ohnmächtig und unterlegen zu fühlen.
- Ein Brief, in dem wir ehrlich unsere Gefühle und Befürchtungen ausdrücken, kann die Brücke zum anderen bauen.
- Wenn wir uns Verzeihung wünschen, ist es notwendig, um Entschuldigung zu bitten und dem anderen auch die Möglichkeit zu lassen, sie zu gewähren. Anderenfalls sollten wir nachfragen, ob der Gekränkte eine Art Wiedergutmachung wünscht, um verzeihen zu können.
- Verzeihung ist gelungen, wenn sich keiner als Sieger oder Verlierer empfindet.
- Verzeihung ist gelungen, wenn man sich frei fühlt, dem anderen gegenüberzutreten, die Beziehung fortzusetzen oder auch abzubrechen.
- Versöhnung ist der letztendliche Ausdruck einer gelungenen Verzeihung, ist aber nicht zwingend notwendig.

Was Verzeihen erschwert

Wer den Turm besteigt, erträgt es nicht,
dass auch andere hinaufsteigen; man wirft einander
hinunter ... Am Ende, wenn die Verwirrung ihren
Höhepunkt erreicht hat, stürzt, wie wir wissen,
der Turm zusammen.

Friedrich Weinreb

Eine Studie der Florida State University aus dem Jahre 2002 von Roy Baumeister beschäftigt sich damit, was die Verzeihung erschwert. Aus dieser Studie geht hervor, dass sich Menschen mit hohem narzisstischem Anspruch schwertun mit dem Verzeihen. Sie stellen hohe Ansprüche an das Leben und an andere und glauben, dass Verzeihen eine Schwächung ihres Egos bedeutet. Sie sehen Verzeihung als riskant und unfair an, vor allem wenn der Schuldige zu wenig Einsicht zeigt und sich nicht ausreichend entschuldigt. Auch extrem selbstgerechten Personen fällt das Verzeihen schwer. So zeigt die Studie, dass diejenigen, die davon ausgingen, dass in der eigenen Nation keine ähnlich grausamen Aktionen vorstellbar wären und von ihr niemals ein solches Unrecht ausgegangen sei, umso härter über den schrecklichen Anschlag vom 11. September 2001 urteilten. Auch sie glauben, dass Verzeihen den anderen zu weiteren zerstörerischen Akten ermutigen würde. Die Studie kommt zu dem Schluss, dass Vergebung mentale und/oder emotionale Energie befreit und Menschen hilft, sich zu entwickeln, Verständnis und Empathie zu empfinden. Verzeihen zu können wird als unbedingt notwendige menschliche Fähigkeit betrachtet. Das Verzeihen entwickelt die Persönlichkeit, weil damit ein Prozess verbunden ist, durch den wir nicht nur mit unserer Wut, unseren Mustern, Erwartungen, Enttäuschungen und Ängsten in Kontakt kommen, sondern auch mit unserer Größe.

Ein schwaches Selbstwertgefühl, mangelnde Wertschätzung und Abwertung sich selbst gegenüber behindern das Verzeihen. Ein übermäßig stark entwickeltes Ego, die eigene Einschätzung, bewusster oder weiterentwickelt zu sein als andere, gehören ebenfalls zu den Faktoren, die es erschweren, seine Fehler einzusehen und andere um Verzeihung zu bitten.

C. G. Jung bezeichnete den Teil, den wir nach außen zeigen, der mit unserer Stellung in der Gesellschaft, mit unserem Beruf verbunden ist, als Persona. Verwechseln wir diese Persona mit dem Menschen dahinter, wird Verzeihen ebenfalls erschwert. Der Herr Professor, der von allen Studenten geachtet wird, glaubt dann, auch im normalen Familienleben der überlegene Lehrer zu sein, und geht über die Meinung anderer geringschätzig hinweg. Oder die Therapeutin meint, dass sie alle Familienmitglieder mit klugen Ratschlägen versorgen müsste, weil sie die »Fachfrau« ist, und übersieht dabei die Grenzen anderer und mischt sich in deren Leben ein. Fühlen sich andere dadurch verletzt, können Menschen, die sich stark mit ihrer Rolle in der Welt identifizieren, das oft gar nicht verstehen, und empfinden wenig Reue über ihr Vorgehen. Diese Beobachtung kann man beispielsweise immer wieder bei Prozessen von Kriegsverbrechern machen. Die fehlende Reue über ihre Taten begründen die Angeklagten in der Regel damit, dass sie doch nur auf Befehl, nur als Generäle, Offiziere oder auch als Aufseher gehandelt hätten. Wenn wir uns mit unserer ganzen Persönlichkeit auseinandersetzen, mit unseren Licht- und Schattenanteilen, sind wir gefordert, die Verantwortung für unser Tun zu übernehmen.

Eine tiefgreifende psychische Problematik, wie es zum Beispiel das Borderlinesyndrom darstellt, macht Verzeihung oft unmöglich. Aber auch andere frühe Kindheitsstörungen und Abwertungen der eigenen Person führen dazu, dass Menschen unverhältnismäßig heftig und unversöhnlich auf Kränkungen reagieren. Jahrelang tragen sie anderen etwas nach und bezichtigen sie, damit das eigene Lebensglück zerstört zu haben.

Die Unfähigkeit, Konflikte auszutragen und andere mit der Wahrheit zu konfrontieren, erschwert ebenfalls die Verzeihung. Oft erlebe ich Menschen, die eine Ehe aufrechterhalten, weil sie Angst haben, den Partner mit der Wahrheit zu konfrontieren. Sie glauben, er würde die Kränkung einer Trennung nicht überleben oder vielleicht extrem zerstörerisch reagieren. Nicht selten ist gerade dieses Motiv für den Partner am Ende besonders kränkend, weil er sich damit als schwacher oder sogar seelisch kranker Mensch abgestempelt empfindet. Meistens hat es sich in diesen Fällen bewährt, auf die innere seelische Gesundheit des Partners oder der Partnerin zu setzen. Ein selbstbewusster, seelisch halbwegs gesunder Mensch wird zwar unter einer Kränkung oder unter einem Verlust leiden, aber sich irgendwann wieder dem Leben zuwenden und dem anderen verzeihen oder wenigstens nicht mehr hasserfüllt an ihn denken.

Ein schwaches Selbstwertgefühl, wie es etwa aus traumatischen frühkindlichen Erfahrungen resultiert, hält keine allzu großen Belastungen und Spannungen aus. Diesen Menschen wird es schwerfallen, Situationen aus Distanz und mit weniger Emotionen zu betrachten, vergangene Enttäuschungen loszulassen und wirklich zu verzeihen. Hier ist besonders viel Einfühlungsvermögen und Geduld gefragt, wenn es um das Verzeihen von Kränkungen geht. In diesem Fall ist eine therapeutische Begleitung unumgänglich.

Tiefsitzende Schuldgefühle

Jemandem etwas nicht oder nicht mehr verzeihen zu können bedeutet, dass man mit diesem Menschen weiterhin in einer ganz bestimmten Verbindung bleibt. Vor allem wenn das Nichtverziehene nach wie vor zum Beispiel mit Hassgefühlen verknüpft ist, sollte man versuchen, dies mit Hilfe einer symbolischen Arbeit zu lösen.

Nachfolgend ein Beispiel aus meiner Praxis, das eigene Schuldgefühle thematisiert und dennoch die Wichtigkeit der Bearbeitung mit einem Symbol zeigt.

Eine fast 50-jährige Frau erlebte sich während der Musikreisen immer wieder mit einem schweren Stein auf der Brust. Sie war nicht in der Lage, diesen Stein abzuwerfen. Er schien zu ihr zu gehören. Als ich sie fragte, was denn dieser Stein symbolisiere, antwortete sie: »Ein Geheimnis, das ich nicht preisgeben kann.« In den folgenden Gesprächen stellte sich heraus, dass sie seit Jahrzehnten unter Schuldgefühlen litt. Sie war acht Jahre alt und sollte auf den kleinen Bruder aufpassen. Obwohl er sich von einer Keuchhustenerkrankung noch nicht ganz erholt hatte, nahm sie ihn mit nach draußen zum Spielen. Als ein schwerer Regenguss kam, flüchteten die Kinder zwar ins Haus, aber sie sorgte nicht sofort dafür, dass der Bruder trockene Sachen zum Anziehen bekam. So kam es zu einem Rückfall, an dem der Kleine schließlich starb. Lebenslang fühlte sie sich mitschuldig an seinem Tod, und zwar nicht nur wegen ihres falschen Verhaltens, sondern auch, weil sie keine wirkliche Trauer empfunden hatte. Rückblickend glaubte sie, sich sogar ein wenig gefreut zu haben, denn so war sie zum einzigen Liebling der Familie geworden. Gemeinsam versuchten wir, ein Ritual für den verstorbenen Bruder zu gestalten, und so sollte sie zunächst ein Symbol für ihn finden. Sie entschied, den Stein dafür zu wählen, den sie zuvor als Last auf ihrer Brust empfunden hatte. In den darauffolgenden Tagen fand sie an der Isar einen Stein, der sie magisch anzog. Sie bewahrte ihn zunächst zu Hause an einem bestimmten Platz auf. Noch konnte sie sich nicht entschließen, den Stein in einem Ritual loszulassen, aber auf ihrer Brust sollte er auch nicht mehr liegen.

Für den Abschied von ihrem Bruder wählte sie ein Ritual, das sie von den Fernsehbildern nach der Tsunami-Katastrophe kannte: Sie suchte eine besonders schöne kleine Kerze, die sie in einem Papierschiffchen in einer klaren Vollmondnacht auf einem nahe liegenden See aussetzte. Mit dem Stein war sie noch längere Zeit im Dialog und erkannte mehr und mehr, dass er ihr Leben nicht nur belastet, sondern auch zu tieferen Einsichten und wichtigen Begegnungen geführt hatte.

Übung: Arbeit mit einem Symbol

- Wählen Sie ein Symbol für die Verletzung, die Ihnen der andere zugefügt hat oder die Sie einem anderen zugefügt haben. Es kann ein Stein sein wie in der vorherigen Geschichte. Es könnte auch ein Stück Rinde eines knorrigen Baumes sein, eine Muschel oder eine Kerze. Kerzen gehören zu den weitverbreiteten Symbolen des Menschen, wobei die Kerze selbst oft als Bild des Körpers gesehen wird, die Flamme als Symbol des Geistes, der vom Körper gespeist wird und in enger Verbindung mit ihm steht, aber dennoch unkörperlich ist.

- Entwickeln Sie ein eigenes Ritual, indem Sie das Symbol, beispielsweise die Kerze, und damit Ihren Schmerz und Ihre verletzten Gefühle symbolisch in einer Kirche aufstellen und anzünden. Graben Sie das Rindenstück in die Erde ein, legen Sie den Stein an einen »heiligen« Ort oder übergeben Sie die Muschel wieder ihrem Element, dem Wasser.
- Stellen Sie sich vor, wie Sie mit dieser rituellen Handlung etwas Altes abschließen, damit Sie verbundene Gefühle loslassen und sich von einer alten Bindung befreien.

Ein solches Ritual kann der Anfang von Verzeihung sein oder einfach für sich stehenbleiben. Indem Sie etwas loslassen, was Sie verletzt oder gekränkt oder was Ihnen Schuldgefühle aufgebürdet hat, öffnen Sie sich für neue positive Erfahrungen.

Die Schwere der Schuld

Auch eine besondere Schwere der Schuld kann Verzeihen unmöglich machen, und niemals kann man Verzeihung erzwingen, selbst wenn man es aus Vernunftgründen möchte.

Verzeihung ist keine einfache Geste wie ein Händedruck. Sie braucht Verständnis, Geduld, Hintergrundwissen und Vertrauen in die innere Führung. Immer wieder mache ich in meiner Arbeit die Erfahrung, dass es wichtig ist, sich auch die Erlaubnis zu geben, nicht zu verzeihen. Anderenfalls wird das Nicht-verzeihen-Können zum neuen Schuldthema, das auf einem Menschen lastet.

Besonders gut erinnere ich mich an die therapeutische Arbeit mit einer jungen Frau, die über Jahre vom Lebensgefährten der Mutter missbraucht worden war. Fast angstvoll fragte sie mich, ob ich auch der Meinung sei, sie könne erst ein normales Leben führen, wenn sie diesem Mann verzeihen würde. Gerade weil ich die große Bedeutung des Verzeihens kenne, konnte ich diese Frage nicht einfach mit Ja beantworten.

Mit Hilfe der Musik tasteten wir uns gemeinsam über einige Wochen an ihre großen Verletzungen und Ängste heran. Die Situation erschien immer komplexer und verworrener – an ein schlichtes »Ich verzeihe dir« war gar nicht zu denken. Mit bewundernswerter Tapferkeit stellte sich die junge Frau den traumatischen Erinnerungen. Es dauerte lange, bis sie endlich voller Wut den Vergewaltiger von sich stieß und schließlich in ein heftiges Weinen ausbrach. Erst jetzt konnte sie damit beginnen, auch ihre Stärke und ihre Kraft zu spüren. Jede erinnerte Situation, die während einer Musikreise auftauchte, endete mit dieser Erfahrung, die sie mit einem heftigen lauten Nein bekräftigte. In ihrem Leben veränderten sich nach und nach die Situationen, in denen sie sich ohnmächtig gefühlt hatte. Ein Gefühl der Lähmung, das ihr seit vielen Jahren vertraut war, wich immer mehr von ihr. Sie lernte, sich durchzusetzen und anderen Grenzen zu zeigen. Wir arbeiteten in größeren Abständen miteinander, und eines Tages kam sie selbst mit dem Vorschlag, sich mit Hilfe der Musik noch einmal mit der Situation auseinanderzusetzen. Ohne das Vorgehen dieses Mannes verstehen oder gar billigen zu wollen, gewann sie neue Einsichten in die Hintergründe dieses Geschehens. Sie überlegte, ob sie seinen aktuellen Aufenthaltsort herausfinden und ihn mit ihren Erkenntnissen konfrontieren sollte. Schließlich entschloss sie sich, zuerst mit ihrer Mutter zu sprechen.

Diese war – entgegen der Erwartung der Tochter – sehr erleichtert, als sie darauf angesprochen wurde. Seit Jahren litt sie unter heftigsten Schuldgefühlen, weil sie damals natürlich geahnt hatte, dass mit ihrer Tochter etwas passiert war. Selbst die besorgte Nachfrage der Lehrerin, warum die vorher so gute Schülerin jetzt so oft versagte und warum sie denn so dünn geworden sei, hatte sie verdrängt. Später hatte sie gedacht, es wäre besser, das Thema nicht mehr anzurühren, schließlich hatte sie sich ja längst von dem Mann getrennt, und die Tochter führte ein »normales« Leben.

Die Gespräche zwischen Mutter und Tochter waren quälend, schwierig, und zum Teil schienen sie fast zu einem Rückschritt in der Beziehung zu führen. Geduld war gefragt. Irgendwann stand schließlich das Thema Verzeihen im Raum. Beide Frauen erkannten, dass es wichtig war, sich selbst zu verzeihen: Die Tochter hatte – wie viele Menschen, die ein Missbrauchserlebnis mit sich tragen – ein diffuses schlechtes Gewissen, weil sie glaubte, vielleicht an der Tat selbst schuld zu sein. Die Mutter litt unter bitteren Selbstvorwürfen, das Leben ihrer Tochter zerstört zu haben. Die langen gemeinsamen Gespräche zeigten vor allem, dass sich die Mutter damals selbst sehr schwach und als Opfer gefühlt hatte. Sie erklärte, dass sie sich trotz der vielen guten Gespräche nicht verzeihen könne. Die Tochter konnte sich verzeihen, was, auch wenn es in einer solchen Situation fast absurd klingt, wichtig für sie war, um ihrer Mutter verzeihen zu können. Wer diese Art von Verletzung des eigenen Körpers und der eigenen menschlichen Würde nicht selbst erlebt hat, kann wohl nur schwer verstehen, welche Auswirkungen eine solche Erfahrung auf das Leben eines Kindes hat. Schnelles Verzeihen ist aus meiner Erfahrung in einer solchen Situation nicht sinnvoll. Vorschnelles Verzeihen, das manchmal auf einem schwachen Selbstbewusstsein, einem übergroßen Harmoniebedürfnis oder einem mitleidigen Herzen basiert, lässt die Betroffenen die Schwere ihrer Tat eher verkennen.

Ich fand es deshalb sehr stimmig, als die junge Frau sagte: »Ich kann meiner Mutter verzeihen, aber ich kann keinesfalls ehrlichen Herzens sagen, dass ich diesem Mann verzeihe, aber ich trage keinen Groll mehr in mir, und dafür bin ich schon sehr dankbar.«

Fehlende Reue und Bereitschaft zur Wiedergutmachung

Das Bereuen einer Tat, die Einsicht, unrecht getan zu haben, und der Vorsatz, es nicht wieder zu tun, dies alles ist notwendig, wenn wir uns selbst etwas verzeihen oder um Verzeihung bitten möchten. Oft scheitert das Verzeihen daran, dass unsere Bitte um Entschuldigung vom anderen nicht authentisch erlebt wird. Zur Reue gehört, dass wir die Verletzung, die wir uns selbst oder anderen zugefügt haben, anerkennen und nicht leichtfertig darüber hinweggehen oder sie herunterspielen. Es gibt kein Patentrezept dafür, wie wir etwas wirklich bereuen können. Manchmal benötigen wir erst selbst die Erfahrung von Kränkung und Verletzung in einem bestimmten Bereich, bis wir den Schmerz eines anderen nachfühlen können.

Ein Jugendlicher wurde zum Leidwesen seiner Mutter wegen kleinerer Ladendiebstähle mehrfach von der Polizei verhört. Seine Mutter erzählte mir, dass er keinerlei Unrechtsbewusstsein entwickle, obwohl es bei ihnen zu Hause keineswegs üblich sei, sich gegenseitig zu bestehlen. Eines Tages rief sie mich an und erzählte mir, dass der iPod ihres Sohnes im Schwimmbad gestohlen worden sei. Er hatte dafür in den Ferien in einem Supermarkt gearbeitet und war stolz darauf gewesen, seine Lieblingsmusik immer bei sich haben zu können. Nun erlebte er selbst, wie schmerzhaft es war, wenn einem etwas gestohlen wird. Obwohl er zunächst damit argumentierte, dass es dem Supermarkt nicht wehtäte, wenn er mal eine Batterie »mitgehen« ließe, verstand er sehr wohl die Verbindung zwischen dem, was er getan hatte, und dem, was ihm widerfahren war.

Wenn wir uns wünschen, dass uns jemand verzeiht, sollten wir uns ehrlich fragen, ob wir das, was geschehen ist, wirklich bereuen. Anderenfalls sollten wir damit rechnen, dass unsere Bitte um Verzeihung nicht gehört und erfüllt wird. Ebenso kann es uns schwerfallen, einem anderen Menschen zu verzeihen, wenn er keine Reue zeigt oder die Reue nur ein Lippenbekenntnis bleibt.
Echte Verzeihung hängt aber nicht immer davon ab, dass der andere Reue zeigt. Wenn wir echtes Mitgefühl für Menschen entwickeln können, die uns verletzt haben, spüren wir häufig, dass hinter der coolen Fassade eine verzweifelte Seele wohnt, die sich eigentlich danach sehnt, Gefühle wie Reue und Bedauern zu zeigen, was aber einfach (noch) nicht möglich ist.
Manchmal brauchen wir, um verzeihen zu können, einen Akt der Wiedergutmachung, sozusagen tätige Reue: zum Beispiel eine Erklärung, einen Brief, ein langes Gespräch

oder einfach das Gefühl, dass sich der andere Mensch Gedanken macht. Manchmal ist uns selbst nicht klar, dass wir eigentlich auf ein Zeichen warten, das uns hilft, den anderen wieder als verlässlichen Freund oder Partner zu empfinden, dem etwas an unserem Verzeihen, an unserer Freundschaft liegt. Vielleicht reicht es schon, wenn wir uns diesen Wunsch nach Wiedergutmachung eingestehen und ihn vielleicht sogar der anderen Person mitteilen. So werden wir erkennen, wie ernst es dem anderen ist mit seiner Reue.

Mangelnde Geduld und mangelndes Vertrauen

»Die Zeit heilt Wunden« heißt ein tröstliches Sprichwort, das sich auch auf den Verzeihensprozess anwenden lässt. Allerdings ist es nicht die Zeit, sondern der Abstand, den wir von der entsprechenden Situation gewinnen, der hilfreich ist. Aus der Distanz sehen wir oft mehr als in unmittelbarer Nähe. Außerdem bringt das Leben ständig neue Erfahrungen und Einsichten, wenn wir offen dafür sind. Denn das ist die Voraussetzung dafür, dass die Zeit wirklich zur Heilung führt. Immer wieder habe ich erlebt, dass Menschen auch nach Jahren noch denselben Groll oder Schmerz in sich tragen. Nichts scheint dieses Gefühl im Inneren zu erreichen und zu verändern. Damit wird allerdings auch die Chance vertan, dass sich Einsichten entwickeln, die zum Verzeihen führen.

Verzeihen braucht einen langen Atem und die Bereitschaft, es wieder zu probieren, auch wenn man einmal oder sogar mehrere Male zurückgestoßen wird. Verzeihen ist ein Prozess, der sich in mehreren Schritten vollzieht, wenn es wirklich von Dauer sein soll, sich selbst oder dem anderen das Vorgefallene nicht weiter anzulasten. Schließlich steht für den, der betrogen, bestohlen oder gekränkt wurde, viel auf dem Spiel. Und gerade das erneute Aufbauen von Vertrauen ist schwierig. Wir sind Erfahrungswesen und erinnern uns eben ganz besonders auch an schlechte Erfahrungen.

Ob wir genügend Vertrauen und Geduld haben, hängt nicht zuletzt davon ab, welche Erfahrungen wir vor allem in unserer Kindheit gemacht haben. Wenn wir Beziehungen auch in schwierigen Zeiten als verlässlich und tragfähig erlebt haben, werden wir mehr Geduld mit anderen haben. Sind wir aber schon sehr oft enttäuscht oder gekränkt worden, verlieren wir schneller das Vertrauen in den Prozess des Verzeihens. Dann dauert es häufig besonders lang, bis wir verzeihen können. Menschen, die schon sehr viele Enttäuschungen erlebt haben, fordern von ihren Partnern oft besonders viele Beweise der Verlässlichkeit. So kann es sein, dass eine Frau – auch wenn ihr Mann Stein und Bein schwört, dass er die Beziehung mit der anderen Frau abgebrochen habe – immer noch genau wissen möchte, wo er sich von dann bis dann aufgehalten und mit wem er sich getroffen hat. Menschen benötigen unterschiedlich viel Sicherheit, um wieder vertrauen zu können, auch wenn sie im Kopf längst verziehen haben.

Zu große Erwartungen

»Ich habe ihm noch eine Chance gegeben, ihm noch einmal verziehen, dass er betrunken Auto gefahren ist«, sagte mir eine Frau voller Verzweiflung. »Und jetzt bin ich mehr gekränkt denn je, er hat sich nicht an sein Versprechen gehalten.« In einer solchen Situation kann es hilfreich sein, daran zu denken, wie oft wir selbst »rückfällig« werden, obwohl wir doch so gute Vorsätze gefasst haben. Wir sind immer wieder auf Verzeihung angewiesen, darauf, dass wir uns verzeihen, dass andere uns verzeihen, und letztlich auch, dass uns ein verständnisvoller Gott die Dinge verzeiht, die niemand anderer sieht, die nur wir selbst im stillen Kämmerlein wissen. Besonders eindrucksvoll wird das im Neuen Testament im Matthäusevangelium beschrieben: »Da trat Petrus zu ihm und sprach: ›Herr, wie oft soll ich einem Bruder vergeben, der gegen mich gesündigt hat, bis siebenmal?‹ Jesus sprach zu ihm: ›Ich sage dir, nicht bis siebenmal, sondern bis siebzigmal!‹« Nur selten sind wir dazu bereit, erwarten wir doch meist, dass sich der andere dank unserer Großzügigkeit sofort »bessert«.

Als ich während eines Seminars diese Bibelstelle vorlas, sagte eine Teilnehmerin empört: »Das unterstützt nur die Schwäche eines Menschen, ich sehe keinen positiven Sinn darin, so oft zu verzeihen.« Das gilt sicher für leichtfertiges Verzeihen, das uns selbst entweder großzügig oder besonders reif erscheinen lässt und eigentlich nur eine Schwäche verdeckt. Wenn wir dem anderen oder auch uns selbst zu schnell verzeihen, ohne wirklich zu verstehen, was vorgefallen ist, unterstützen wir tatsächlich menschliche Schwäche. Eigentlich soll Verzeihen stark machen und das volle Potenzial menschlicher Größe zum

Ausdruck bringen. Wenn wir also siebzigmal verzeihen, heißt das, dass wir uns siebzigmal mit uns und dem anderen beschäftigen. Siebzigmal versuchen wir, Hintergründe zu erkennen, den anderen zu verstehen, uns mit ihm auseinanderzusetzen, siebzigmal stürzen wir uns in Konflikte, lassen Gefühle zu, die wir vielleicht sogar äußern. Und das alles auf die Gefahr hin, dass wir selbst nicht mehr die Lieben, die Verständnisvollen, »die Guten« sind. Eine solche Art des Verzeihens führt zur Entwicklung, nicht zur Schwächung des Menschen.

Zu schnelles, falsches Verzeihen

»Ich kann ganz leicht verzeihen, weil ich mich selten wirklich gekränkt fühle.« – »Ich kann gar nicht verstehen, warum das ein so schwieriges Thema sein soll, denn ich wüsste nicht, wer mir verzeihen oder wem ich verzeihen sollte.« – Solche Aussagen habe ich bei den Recherchen zu diesem Buch häufiger gehört. Auch wenn man bedenkt, dass es Menschen gibt, die ihr Leben sehr viel leichter nehmen können als andere, scheint es mir doch unwahrscheinlich, dass jemandem das Verzeihen so ganz leicht gelingt. Eine Frau sagte mir: »Ich verzeihe meinem Partner sofort, sonst hätten wir keinen Frieden zu Hause.« Bei genauerem Nachfragen stellte sich heraus, dass sie zwar schnellen Frieden im Außen herstellen konnte, aber offensichtlich nicht unbedingt in ihrem Inneren. Sie litt an Schlafstörungen, diversen nervösen Beschwerden und vor allem einer besonders heftigen Form von Migräne.
Zwar gibt es für das Vergeben keine klaren Regeln. Aber wenn wir uns dazu entscheiden, sollten wir es so tun, dass

der andere unsere Verzeihung auch spürt. Das bedeutet, dass wir ihm sein Vergehen nicht wieder vorhalten, wenn es neue Konflikte gibt oder wenn wir selbst ärgerlich sind. Das erfordert zumindest am Anfang ein gewisses Maß an Disziplin und Selbstkontrolle, weil wir meist doch dazu neigen, Vorgefallenes wieder aufleben zu lassen, sobald wir uns in einer vermeintlich oder wirklich ähnlichen Situation befinden. Wenn wir es schaffen, dem anderen die alte Geschichte nicht wieder »aufs Butterbrot zu schmieren«, ist das ein kleiner Erfolg, der uns ermutigt, es auch in Zukunft zu schaffen.

Verzeihen aus der Position der Überlegenheit

Das Bedürfnis, besser, reifer, entwickelter zu sein als andere, wurzelt tief in der menschlichen Psyche.
Vor einiger Zeit erzählte mir eine ältere Dame, dass sie von einer Hellseherin erfahren habe, dass dies ihre letzte Inkarnation sei und sie zukünftig nur noch freiwillig auf die Erde zu kommen brauche. Im gleichen Gespräch beklagte sie sich allerdings über ihre Familie und über die Putzfrau, die sie mit ihrem dummen Gerede eigentlich nur ärgern würde.

Auch ich selbst ertappe mich immer wieder dabei, mich ein klein wenig besser zu fühlen als andere, mehr Durch- und Überblick zu haben. Dann bin ich ganz froh, wenn das Leben mir gleich wieder eine gegenteilige Lehre erteilt. Verzeihen aus der Ebene des Sich-besser- oder des Sich-reifer-Fühlens gelingt meist nicht wirklich. Denn wenn wir uns über jemanden stellen, entsteht sofort ein Gefälle von oben und unten. Wer unten steht, fühlt sich nicht gut, auch wenn es äußerlich nicht ersichtlich ist und der Mensch gar nicht begründen kann, warum ihm nicht wohl ist bei der Sache.

Manchmal ist das Gefälle zwischen oben und unten schwer zu erkennen. Eine Frau, die zu mir kam, weil sie sich von ihrem Mann trennen wollte, erzählte mir immer wieder, wie schlecht er mit ihr umgegangen und wie großzügig sie dagegen in all den Jahren gewesen sei. Nun war ihr Mann verzweifelt und beteuerte, wie sehr er sie brauche. Das Thema Verzeihung spielte in ihren Schilderungen eine große Rolle. Sie zählte auf, was sie ihm alles verziehen habe: Unehrlichkeit im Bezug auf das gemeinsame Geld, Geschichten, die er ihren Eltern über sie erzählt hatte usw. In vielen Gesprächen fanden wir gemeinsam heraus, wie sehr sie ihm immer wieder das Gefühl gegeben hatte, die Überlegene zu sein, die trotz all seiner Schwächen bei ihm geblieben war. Sie hatte viele Kränkungen geschluckt und innerlich eine Art Rabattmarkenheft geführt. Wenn ihr Mann ganz schuldbewusst eingestanden hatte, was wieder einmal falsch gelaufen war, hatte sie vermeintlich großzügig verziehen, innerlich aber eine weitere Marke dazugeklebt. Jetzt war ihr Heft voll, und sie warf es mit viel Wut und Ärger auf den Tisch.

Während einer Therapiestunde bat ich sie, sich tief zu entspannen und sich dann noch einmal in eine solche Situation zu versetzen, in der sie – wie sie selbst sagte – sehr souverän verziehen hatte. Sie zeigte sich sofort tief-bewegt und konnte nur mühsam die Tränen zurückhalten. Eigentlich fühlte sie sich verletzt, aber sie wollte sich diese Blöße nicht geben, wollte dem anderen nicht zeigen, wie sehr sie sein Tun getroffen hatte. Immer mehr hatte sie sich die Rolle der Unberührbaren zugelegt, die allerdings einen hohen Preis kostete. Zwar machte sie ihrem Mann keine Szenen, aber sie ließ ihn auch nicht mehr wirklich an sich herankommen. Je mehr sie sich damit auseinandersetzte, wie sie Kränkungen zeigen und trotzdem stark bleiben könnte, umso besser wurde die Beziehung zu ihrem Mann. Nach und nach öffnete sie sich, sprach mit ihm über das Vorgefallene und hörte erstaunt, wie schlecht ihr Mann sich gefühlt hatte, wenn er sich immer wieder sein Versagen eingestehen musste, während ihm seine Frau nahezu unfehlbar erschien.

Wenn Verzeihung nur das eigene Gewissen entlasten soll

Eine Klientin, die vor kurzem ihren Arbeitsplatz verloren hatte und sich immer noch in einer Art Schockzustand befand, fand die Bitte ihrer Kollegin, ihr zu verzeihen, äußerst empörend. Sie hatte der Kollegin in einer »schwachen Stunde« ihre psychischen Probleme anvertraut und mit ihr über Wochen lange nächtliche Telefonate geführt. Diese vertraulichen Informationen waren dann bei der gemeinsamen Chefin gelandet, mit der sie ohnehin ein schwieriges Verhältnis hatte. Nach langwierigen zermürbenden Auseinandersetzungen hatte sie schließlich nachgegeben und zugestimmt, einen anderen Arbeitsplatz zu übernehmen. Die Kollegin hatte ihre Position mit übernommen, und sie selbst war an dem neuen Arbeitsplatz gänzlich gescheitert.
Rückblickend erkannte sie, dass es ein großer Fehler von ihr gewesen war, sich einer Frau anzuvertrauen, die sie nicht einmal sehr gut gekannt hatte. Immer wieder tauch-

ten vor ihrem inneren Auge Situationen auf, in denen sie sich ihrer Meinung nach völlig falsch verhalten hatte. Die Wut auf sich selbst und die Enttäuschung über die Kränkung wechselten mit Hassgefühlen und Selbstmitleid. Obwohl ihr klar war, dass sie auf diese Weise sicher keinen guten Eindruck bei möglichen Bewerbungsgesprächen hinterlassen würde, konnte sie sich aus diesem Gefühlskarussell nicht wirklich befreien.

In dieser Situation rief die ehemalige Kollegin an, erkundigte sich nach ihrem Befinden und bat sie bei dieser Gelegenheit, ihr doch nichts mehr nachzutragen. Sie habe es doch nur gut gemeint und sei nicht schuld daran, dass alles schiefgegangen sei. Wütend hatte sie den Hörer aufgelegt, war aber letztlich mit dieser Situation auch nicht zufrieden. Als ich sie fragte, was genau sie bei diesem Telefonat so aufgebracht habe, antwortete sie spontan: »Ich glaube, ich habe gespürt, dass es der Kollegin nicht wirklich um mich ging, sie wollte nur ihr schlechtes Gewissen loswerden.«

Wenn wir nur zur Entlastung des schlechten Gewissens eines anderen gebraucht, also missbraucht werden, fühlen wir uns gleich noch einmal gekränkt. Verzeihen rückt damit in noch weitere Ferne. Wenn wir jemanden um Verzeihung bitten, sollten wir uns also sehr klar über unsere eigenen Motive sein. Wir müssen vor allem deshalb um Verzeihung bitten, um die Kränkung, die wir einem anderen zugefügt haben, zu heilen oder zumindest unser Mitgefühl zu zeigen.

Wenn die ungerechte Situation andauert

Erfahrungsgemäß ist es viel schwerer zu verzeihen, wenn wir ständig an das vermeintliche oder wirkliche Unrecht erinnert werden. Ein Klient kam in meine Praxis, weil er genau damit nicht fertig wurde: Vor einigen Jahren hatte er zusammen mit einem Freund eine Firma gegründet. Anfangs lief alles sehr gut, der eine kümmerte sich um die technischen Belange, der andere um die Kunden und die Vermarktung des Produkts. Gerade weil er dem anderen bedingungslos vertraute, konnte mein Klient kaum glauben, dass sein Partner ihm gegenüber nicht die gleiche Loyalität zeigte. Er hatte erfahren, dass die eigene Firma gefährdet war, weil sein Partner und Freund sich offenbar mit dem Gedanken trug, in eine andere Firma einzusteigen, die ein ähnliches Produkt herstellte und damit zu den Konkurrenten auf dem Markt zählte. Er brauchte einige Zeit, bis er in der Lage war, den Partner mit diesem Wissen zu konfrontieren. Anfangs wollte dieser sich herausreden, aber letztlich gab er sein Verhalten zu, erklärte aber sofort, dass aus diesem Projekt nichts werden würde. Er konnte gar nicht verstehen, warum mein Klient sein Verhalten nicht verzeihen konnte und es als Verrat empfand. Beiden war klar, dass sie ihre Firma jetzt nicht aufgeben konnten und weiter zusammenarbeiten mussten. Während einer therapeutischen Musikreise konnte mein Klient seine Verletzung noch einmal erleben und im anschließenden Gespräch auch ausdrücken. Das Verzeihen, das für eine weitere gute Zusammenarbeit notwendig war, schien kaum möglich, weil er täglich mit seinem Kollegen konfrontiert und damit immer wieder an die Situation erinnert war und es ihm schwerfiel, wieder Vertrauen zu fassen. Nach einigen Sitzungen war ihm klar, dass er bereit sein müsste, die Vergangenheit loszulassen und einen innerlichen Neuanfang zu machen. Jetzt erst war er bereit, sich anzuschauen, wie es überhaupt dazu gekommen war, was er am Verhalten des Partners nicht wahrgenommen hatte oder wo er selbst Fehler gemacht hatte. Am Ende hatte er das Gefühl, verzeihen zu können, aber trotzdem wachsamer zu sein und mehr das Gespräch mit dem anderen zu suchen als vorher.

Immer wieder erlebe ich, dass es Menschen leichter fällt, Unrecht zu verzeihen, wenn der eigene Anteil erkannt wird. Niemals gibt es nur einen Schuldigen, immer hat der andere zu lange geschwiegen, hat um des eigenen Vorteils willen Dinge geschluckt, die er eigentlich gerne abgelehnt hätte, hat weggeschaut, wo er eigentlich hätte hinschauen und sich auseinandersetzen sollen. Wenn die Vergangenheit unter diesem Aspekt ehrlich betrachtet wird, kann man sich leichter einverstanden erklären mit dem, was geschehen ist. Trotzdem wird es immer wieder Disziplin erfordern, nicht zurückzuschauen, sondern im Jetzt zu leben, um die gleichen Fehler nicht zu wiederholen.

Wir sollten vor allem in einer solchen Situation liebevoll mit uns selbst umgehen und uns, den eigenen Möglichkeiten entsprechend, verwöhnen. So gelingt es leichter, Mitgefühl zu entwickeln und dem anderen vielleicht noch eine Chance zu geben. Wer selbst glücklich ist, kann leichter verzeihen und auch dem anderen Glück wünschen.

»Verzeihen würde mir dann gelingen, wenn das Geschehene rückgängig gemacht werden könnte. Aber wenn es mein Leben so verändert, dass ich ständig mit den Auswirkungen des Vertrauensbruchs konfrontiert bin, kann ich nicht verzeihen.« So ähnlich beschrieb ein Mann seine Situation, als er erfuhr, dass er nicht der Vater des Kindes war, auf das er sich so gefreut hatte. Sosehr er sich auch bemühte, seiner Frau zu verzeihen, es gelang ihm nicht wirklich, wieder so offen zu sein wie früher. Dennoch hatten sie sich entschieden zusammenzubleiben und das Kind gemeinsam aufzuziehen, und dazu wollte er auch stehen. Oft tauchte allerdings das Gesicht des Rivalen auf, wenn er das Kind betrachtete: Erschwerend kam hinzu, dass der Kindsvater aus dem gemeinsamen Freundeskreis stammte. Es wird sicherlich ein langer Prozess werden, bis er sich mit der Situation ausgesöhnt hat. Und das wird nur gelingen, wenn er sein Herz für den neuen Erdenbürger öffnet und vielleicht erkennt, dass es trotzdem ein großes Geschenk sein kann, das ihm das Leben mit einem Sohn gemacht hat, obwohl er nicht der biologische Vater ist. Es ist immer ein schwieriger Balanceakt erforderlich, wenn man das Vergangene und die damit verbundenen Gefühle nicht verdrängen, aber zugleich offen bleiben will für das Jetzt und für die Zukunft, die oft Überraschendes für uns bereithält.

Auch wenn wir unwiederbringliche Verluste erleben, die wir täglich spüren, wird das Verzeihen manchmal schwer oder fast unmöglich. Dennoch finden wir unseren Seelenfrieden meist nur wieder, wenn wir zumindest ein Stück weit lernen, uns mit dem Schicksal auszusöhnen und die Situation so anzunehmen, wie sie ist.

Der nächste Schritt könnte dann sein, nach der verborgenen positiven Seite im Negativen zu suchen. Einem Sprichwort zufolge gibt es nichts Schlechtes, an dem nicht auch etwas Gutes ist. Das Gute daran kann einfach nur sein, dass man lernt, »über sich hinauszuwachsen« und Vertrauen zu entwickeln, dass auch eine so schwierige Lebenssituation zu meistern ist. Gerade Menschen, die gewohnt sind, ihr Leben sehr stark nach eigenen Vorstellungen zu gestalten, empfinden das Unerwartete, nicht Kontrollierbare als bedrohlich. Selbst- und Gottvertrauen sind gefragt und die Fähigkeit, immer wieder im Jetzt zu bleiben und nicht in die Vergangenheit und Zukunft zu schweifen.

Übung: Liegende Acht

- Setzen Sie sich bequem hin, schließen Sie die Augen und entspannen Sie Ihren ganzen Körper.
- Lenken Sie die Aufmerksamkeit auf Ihren Atem und stellen Sie sich vor, wie Sie sich bei jedem Ausatmen tiefer entspannen.
- Lassen Sie vor Ihrem inneren Auge eine liegende Acht erscheinen. Stellen Sie sich nun sich selbst und die Person vor, mit der Sie emotional in negativer oder belastender Weise verbunden sind oder der Sie verzeihen möchten. Es kann sich dabei auch um einen Menschen handeln, der nicht mehr lebt. Sie beide sitzen jeweils in einem der Kreise, aus denen die Acht gebildet ist.
- Stellen Sie sich vor, wie sich langsam die Verbindung in der Mitte auflöst und die beiden Kreise nebeneinander liegen, ohne eine direkte Verbindung zu haben.
- So, wie diese beiden Kreise jetzt getrennt sind, trennen Sie in Ihrer Vorstellung die emotionale Bindung aus Hass, Ärger, Verletzung.
- Lassen Sie sich Zeit, bis Sie die Trennung wirklich spüren können.
- Wiederholen Sie die Übung mehrmals, bis Sie sich die Kreise nebeneinander, aber ohne direkte Berührung und ohne belastendes Gefühl, vorstellen können.

Diese Übung kann eine Vorbereitung für ein späteres Verzeihen sein oder – wenn das nicht möglich ist – einfach für sich stehen.

Zusammenfassung

Verzeihen wird erschwert,

- wenn der andere nicht bereut oder wir glauben, dass er es nicht verdient hat, dass wir ihm verzeihen;
- wenn das eigene Selbstwertgefühl zu schwach ist und wir uns selbst ständig abwerten;
- wenn das Bedürfnis nach Wiedergutmachung nicht erfüllt wird;
- durch mangelnde Geduld;
- wenn wir zu große Erwartungen damit verknüpfen (dass es nie wieder passiert, dass sich der andere ändert etc.);
- wenn wir zu schnell verzeihen, um Konflikten aus dem Weg zu gehen;
- wenn Verzeihung die eigene Überlegenheit demonstrieren soll;
- wenn Verzeihung nur das eigene Gewissen entlasten soll;
- wenn eine Situation andauert und wir ständig mit der Auswirkung beispielsweise eines Vertrauensbruchs konfrontiert sind;
- wenn der Mensch, dem wir verzeihen möchten oder von dem wir uns Verzeihung wünschen, nicht mehr lebt.

Gebet des heiligen Franziskus von Assisi
um Vergebung

Herr, mache mich zum Werkzeug deines Friedens:
Dass ich Liebe bringe, wo man sich hasst,
dass ich Versöhnung bringe, wo man sich kränkt,
dass ich Einigkeit bringe, wo Zwietracht ist,
dass ich den Glauben bringe, wo Zweifel quält,
dass ich die Hoffnung bringe, wo Verzweiflung droht,
dass ich die Freude bringe, wo Traurigkeit ist,
dass ich das Licht bringe, wo Finsternis waltet.
O Meister, hilf mir, dass ich nicht danach verlange,
getröstet zu werden, sondern zu trösten,
verstanden zu werden, sondern zu verstehen,
geliebt zu werden, sondern zu lieben.
Denn:
Wer gibt, der empfängt,
wer verzeiht, dem wird verziehen,
wer stirbt, der wird zum ewigen Leben geboren.

Nachwort

Kostbar der Herzschlag
jede Minute
sie schenkt dir den Atem
erlaubt dir anzufangen
aufs Neue.

In deinem Augenstern
kreist die verwirrende Welt
ruht das Himmelsherz
jede Minute.

Rose Ausländer

Die amerikanische Delegation unter Führung einer Präsidentin trifft sich mit dem iranischen Präsidenten und seinen Ministern. An den Wänden des Konferenzraums sehen wir Symbole aller Religionen und Nationen. Es geht um ein schwieriges Abrüstungsproblem, und die Teilnehmer sind sich nicht einig. Sie tauschen ihre Argumente aus, hören einander aufmerksam zu und diskutieren in den Pausen in ihrer eigenen Gruppe. Es scheint zu keiner Einigung zu kommen. Zwar versteht jeder den anderen, aber die eigenen Interessen laufen dem zuwider. Gegenseitige Beleidigungen und Kränkungen bleiben nicht aus, und die zwei Lager vertreten einen nahezu unversöhnlichen Standpunkt.

Ein großer Gong wird angeschlagen, und in diesem riesigen Konferenzraum tritt Stille ein. Die einen oder anderen beginnen ihre Meditation mit einem Gebet zu ihrem Gott, sie bitten um Rat und Unterstützung und die göttliche Weisheit, um das Problem lösen zu können. Die anderen entspannen sich einfach nur tief, konzentrieren sich auf einen inneren Punkt, werden innerlich ganz ruhig. Schließlich befinden sich alle in tiefer Meditation. Sie bitten und hoffen auf intuitive Lösungen, kreative Vorschläge von ihrer inneren Führung. Oder sie entspannen einfach nur ihr Gehirn, um wieder offen zu sein für den nächsten Schritt. Nach längerer Zeit ertönt wieder ein Gong. Jeder hat Zeit, seine Ideen und seine aus der Inspiration geborenen Gedanken aufzuschreiben. Erstaunliche Dinge kommen zum Vorschein, neue Vorschläge und Einsichten.

In der anschließenden Pause sieht man die vorher Unversöhnlichen miteinander Tee trinken, die Abweisenden wenden sich den »Gegnern« im anderen Lager zu. Und schließlich findet man einen Kompromiss, bei dem keine Seite gedemütigt oder zum Verlierer gestempelt wird. Abschließend fassen sich alle an den Händen und bilden einen großen Kreis. Spätestens jetzt werden einige meiner Leser heftig widersprechen: »Nein, bitte keine ›Wollsocken-Kuschel-Stimmung‹!« Doch der Kreis ist eines der Ursymbole der Menschheit. In den alten Stammeskulturen war die Kreisbildung unerlässlich für den Frieden in der Gruppe. Sich an den Händen fassen, sich die Hände geben, ein Händedruck – das Berühren der Hände gehört zu den versöhnlichsten Gesten.

Ich könnte mir vorstellen, dass die großen Denker/Denkerinnen und Mystiker/Mystikerinnen der Menschheit wie Sokrates, Kant, Birgitta von Schweden oder Theresa von Avila ihre Freude hätten an so einer Schilderung. Endlich wären der logische Verstand und die Intuition verbunden und könnten eingesetzt werden für den Frieden in der Welt. So könnte Verzeihung gelingen, auch wenn Kränkung immer wieder stattfinden wird, zumindest so lange, bis der Mensch auf seiner höchsten Entwicklungsstufe angekommen ist.

Auch wenn ein solches Szenarium utopisch klingt, ich werde nicht aufhören, daran zu arbeiten, dass Menschen in Beziehung und Familie, in Gruppe und Arbeitsbereich sich immer wieder gegenseitig verzeihen und sich versöhnen. Nur so kann Frieden im Großen geschaffen werden.

Ich wünsche mir sehr, dass dieses Buch dazu beigetragen hat, Ihre Aufmerksamkeit für das Thema Verzeihen zu stärken, und vielleicht einen neuen Blick auf die eine oder andere Situation in Ihrem Leben ermöglicht.

Und ich wünsche mir, dass Sie die große Bereicherung wahrnehmen, die wir mit der Verzeihung – ob für uns selbst oder einen anderen Menschen, ob wir sie gewähren oder darum bitten – in unser Leben integrieren können. Verzeihung ist ein Gewinn: Verzeihung macht frei!

Literatur

Bach, Edward, *Die heilende Natur,* München 1992

Brigitte-Dossier »*Verzeihen«,* BRIGITTE, Heft 26/07

Drewermann, Eugen: *Wie zu leben wäre,* Breisgau 2002

Fromm, Erich, *Die Kunst des Liebens,* Berlin 1956

Gandhi, Mahatma, *Texte zum Nachdenken,* Freiburg 1977

GEO Wissen, Nr. 38, Gruner und Jahr AG, 30. 12. 2007

Jampolsky, Gerald, *Verzeihen ist die größte Heilung,* München 2003

Meister Eckehart, *Deutsche Predigten und Traktate,* München 1955

Pert, Candace, *Moleküle der Gefühle. Körper, Geist und Emotionen,* Hamburg 2001

Peseschkian, N., *Psychosomatik und Positive Psychotherapie,* Frankfurt 1993

Pflugbeil, Karl J., Niestroj, Irmgard, *Immun durch Positives Denken,* München 1995

Röcker, Anna Elisabeth, *Musikreisen als Heilungsweg,* München 2006

Röcker Anna Elisabeth, *Mit Yoga Nidra das Leben meistern,* Petersberg 2007

Rosenberg, Marshall, Interview nach Tonband-Interview in DGSL-Rundbrief 1/97

Simonton, C. O., *Wieder gesund werden,* Hamburg 1993

The Forgiveness Project: www.theforgivenessproject.com

Tillich, Paul, *Das Neue Sein,* Stuttgart 1977

Weinreb, Friedrich, *Die Wurzeln der Aggression,* Weiler im Allgäu 1980